幕末青春伝

西郷隆盛

時代をかけぬけた男

澤村修治

理論社

装画・挿画　フミカ
装幀　山原望

幕末青春伝

西郷隆盛

時代をかけぬけた男

はじめに

鹿児島《かごしま》の、まずしい武士の家に生まれ、
世の中をいくらか窮屈《きゅうくつ》に思いながら、
平凡《へいぼん》なサムライとして一生を終えるはずだった、ひとりの若者《わかもの》。
かれが青春をおくった時代は、外国の艦隊《かんたい》が日本の近くまで押《お》しよせ、
国じゅうがひっくり返るような混乱《こんらん》のさなかにありました。
「自分たちの国をどうするか」「外国とどう付き合うべきか」
それらをめぐって、だれもが真剣《しんけん》に考え、行動しました。
時代がつくる渦《うず》の中を、その若者も全力でかけぬけます。
才能を見いだされて、活躍《かつやく》するのもつかのま、

島流しの身になり、南の島で暮《く》らすこともありました。
苦しいことの多かった日々《ひび》を通して、かれは、
「天を相手にして、おのれをつくす」「人をとがめず、愛していく」
という態度を、ふくよかに宿すようになります。
そのかれのもとに、「世の中を変えよう」という、人びとの心があつまり、
はじけるように江戸《えど》時代は終わって、明治の世が生まれました。
人びとの心を一つにまとめることができた、かれ――西郷隆盛《さいごうたかもり》の役割《やくわり》は、
決定的に大きかったのです。
歴史は多くの人間によって、形作られます。
人から人へと、バトンがわたり、次の時代につながっていきます。
現代までつづく国のありかたが始まるときに、
最初のバトンをもって走りだしたのが、西郷だといえるでしょう。
この本は、そうした、ひとりの立役者のものがたりです。

第二部 明治維新

第一部

試練のなかで

一、サムライの子

西郷吉之助《さいごうきちのすけ》（のちの隆盛《たかもり》）は、文政一〇年（一八二七）一二月七日、鹿児島《かごしま》の下《しも》加治屋《かじや》町に生まれた。めんどうみのよいサムライの父、おおらかな心の母、祖父母にかこまれ、七人きょうだいの長男として育つ。手伝いで住んでいる人たちを含《ふく》めると、一四人の大家族だった。

下加治屋町は、鹿児島城下《じょうか》を流れる甲突《こうつき》川の川べりにあり、まずしい武士ばかりが、肩《かた》を寄せ合うようにくらしていた。

この町からは吉之助だけでなく、大久保利通《おおくぼとしみち》や東郷平八郎《とうごうへいはちろう》をはじめ、のちに明治の世を動かす人材が登場している。

甲突川はやがて鹿児島湾《わん》にそそぐが、その手前で蛇行《だこう》しているあたりに、吉之助の生まれた家はあった。

川の水はきれいで、石造りの橋がいくつもかかっている。

甲突川にはアユがたくさんいて、吉之助はよくここで、アユとりをした。着物の

スソをたくしあげ、帯《おび》にはさんだ姿《すがた》で、川瀬《かわせ》を伝いながら網《あみ》をなげていた。

住んでいた家は屋根が二棟《とう》ぶんあったが、へやはひと続きだった。台所は土間*で、屋外の井戸《いど》のまわりでは、バショウが大きな葉を見せる。庭には物置小屋と風呂場《ふろば》があった。

屋敷《やしき》のまわりでは、野菜や果物が、ところせましと植えられている。みずからたがやし、収穫《しゅうかく》されたものは、まずしい家族の食卓《しょくたく》によくならんだ。

吉之助は幼《おさな》いころから、大がらの体が目立ち、黒びかりする眼《まなこ》――印象的な「う

*土の地面がそのまま、ゆかになっている部屋。

どめ」（大きい目）の持ち主だった。

それで、「うどさあ（うど様）」と呼《よ》ばれていた。

薩摩藩《さつまはん》では武士の家柄《いえがら》にくらいをつけていたが、吉之助《きちのすけ》の家は、鹿児島城《かごしまじょう》の近くに住む城下士《じょうかし》のうち、下から二つめのひくい身分だった。

父親の吉兵衛《きちべえ》は働き者だったが、もともと家禄《かろく》*が少ないうえに、藩のかねまわりがきびしく、さらに減らされていた。

大家族をかかえた西郷《さいごう》家は、まさに貧乏《びんぼう》のどん底におちいっていた。

一家は、苦しい生活のなかで、ぜいたくをせず、寄りそうようにくらしていた。

幼《おさな》い子どもたちは、一つのふとんに四方《しほう》から足をつっこみ、寒さをしのいだ。

町の子どもたちは、りっぱなサムライになるための稽古《けいこ》に、毎日、汗《あせ》を流していた。

示現流《じげんりゅう》という剣術《けんじゅつ》にとりくみ、早朝から、かけ声をあげて立木《たちき》や横木《よこぎ》を木刀《ぼくとう》で打つ。

それがすむと、こんどは、素読《そどく》といって、古典の原文を、大きな声をあげてくりかえし読むのだった。教材は『論語《ろんご》』をはじめとした中国の書物で、まずは、文章を暗唱《あんしょう》する。意味はあとからわかればよい。この学習法がひろくおこなわれた。

薩摩には、郷中《ごじゅう》という少年教育のしくみがあった。

年長の子どもが年下の子どもに、生きるための知恵《ちえ》や集団のルールを教える。魚つりや相撲《すもう》などをして、いっしょに自然のなかで遊ぶ。さらに、剣術、弓、馬術などをならい、学問をおさめる。

郷中の教えの基本は、

「負けるな、強くあれ」

「嘘《うそ》をついてはいけない」

「弱い者をいじめてはいけない」

の三つだった。

郷中のしくみは、若者《わかもの》どうしを結びつけ、年長者にとっては、指導力をやしなう

＊武家社会において、主君が家臣に与《あた》えた給与《きゅうよ》。

訓練の場となった。

吉之助《きちのすけ》や大久保利通《おおくぼとしみち》たちは、若《わか》い時期に、めぐまれない生活を送っていたが、そのなかで、みんなが助け合うことを通じて、社会とはなにか、人間と人間とのつながりとはなにかを、学んでいったのである。

吉之助は、こだわりなく大きな心から、周囲に仲間を集めるようになる。藩《はん》の学問所に入るころには、仲間から兄のようにしたわれる人物となっていた。かれはやがて、下加治屋郷中《ごじゅう》ぜんたいのリーダーになるのだった。

弘化《こうか》元年（一八四四）、満一六歳《さい》となっていた吉之助は、郡方書役助《こおりかたかきやくすけ》となり、藩の仕事につく。

藩内《はんない》の各地をめぐり、耕作地の状態や農民の生活をみきわめ、年貢《ねんぐ》がきちんとおさめられているかを、しらべる仕事だった。

吉之助の上役《うわやく》にあたる郡奉行《こおりぶぎょう》は、迫田利済《さこたとしなり》だった。迫田は人びとの苦しみを理解し、自分も決してぜいたくしない。

農村で作物のできがたいへん悪いとき、迫田は、農民の年貢を軽くしてあげてほしい、と藩に訴《うった》え出た。

しかし受けいれてもらえない。おこった迫田は、

「虫よ虫よ　五《いつ》ふし草《そう》の根を絶つな　絶たばおのれもともに枯《か》れなん」

〈虫よ、五ふし草の根をくいあらして、だめにしてはいけない。そうなると、草とともに、自分自身も生きていけなくなってしまうだろう〉

という歌を残して、仕事をやめてしまった。虫は藩の役人を、五ふし草は農民を意味する。

正義感の強いこの迫田から、吉之助は大きな影響《えいきょう》を受けている。

ある年、いつになく天候は不順で、はげしい風や雨が続いて、鹿児島《かごしま》北西部を流れる川内川《せんだいがわ》が洪水《こうずい》を起こす。収穫《しゅうかく》したばかりの農作物を流し、失ってしまう農民がたくさん出た。

農民のなかには、年貢をおさめるために、やむをえず大切な牛や馬を売る者さえいた。

見るに見かねた吉之助は、被害《ひがい》にあった人の生活を助けるために、六〇日間、災害地にとどまり、自分の給料を分け与《あた》えることまでした。

（自然災害のせいで困《こま》っている者から、いつも通りの年貢《ねんぐ》を取り立てるのはおかしい）

と感じた吉之助《きちのすけ》は、民衆《みんしゅう》を苦しめる藩庁《はんちょう》*1のやり方に、疑問《ぎもん》を持つようになる。そして、農民を守るための意見書を、たびたび藩主《はんしゅ》に提出するのだった。

吉之助は、郡方書役助《こおりかたかきやくすけ》の仕事を、こうして一〇年にわたって続けた。人びとの暮《く》らしぶりを見聞きし、民衆の姿《すがた》をじかにとらえる体験は、かれを大きく成長させていく。

青年期の吉之助は、藩《はん》の仕事のかたわら、友人たちと学問をおさめることを、おこたらなかった。

また、精神をきたえるため、友人と禅《ぜん》のお寺に入門し、座禅《ざぜん》を組む指導を受けた。

「がまんする力や、恐怖《きょうふ》や不安に打ち勝つ力を、身につけたい」

「いつも、落ちついて対処《たいしょ》できるようになりたい」

という思いが強かったのである。

二、黒船の来襲《らいしゅう》

吉之助の生まれ育った時代は、歴史が動くときだった。二五〇年続いた徳川幕府《とくがわばくふ》の政治が、行きづまってくる。その一方で、欧米《おうべい》の大きな船が、日本の近海に、たびたびあらわれるようになった。

イギリス、フランス、ロシア、アメリカといった欧米諸国《しょこく》は、進歩した機械の力を背景《はいけい》に、貿易や領土拡大《かくだい》を目的として、アジアへ艦隊《かんたい》[*2]を送ってくる。かれらからすれば、日本は、東のはてにある小さな島国にすぎない。その日本さえ、あわよくば植民地[*3]にしたいと、機会をうかがっていたのだ。

これに対して、江戸幕府《えどばくふ》はまず、異国船打払令《いこくせんうちはらいれい》を出して、外国船が来たら撃退《げきたい》して、上陸させないようにした。吉之助が生まれる二年前である。

しかし、そうしたやり方では、すまなくなってくる。欧米の国は、さらなる強い

*1 藩《はん》の役所　*2 海軍の部隊。　*3 本国の支配下に置いた地域《ちいき》。

武力をもって、日本に迫《せま》ってきた。

そしてついに、大きな事件が起こる。

嘉永《かえい》六年（一八五三）、夏のはじめのことであった。アメリカ海軍の軍人マシュー・ペリーが、西洋式の大型船「黒船《くろふね》」をひきいて、浦賀《うらが》＊1の沖《おき》に来航した。

幕府《ばくふ》がある江戸《えど》＊2近くの海まで、やって来たのだ。

見たこともない蒸気船《じょうきせん》と、たくさんの大砲《たいほう》を見せつけることで、国の門をかたく閉《と》ざした日本の政府に対して、態度を改めさせようとするためだった。

人びとは、びっくりぎょうてんした。

当時の日本人は、人の力や自然の力で動くものばかりにかこまれていた。蒸気《じょうき》で動く巨大《きょだい》な船を見て、世界がどういった時代に入ったのかを、みんな感じとった。

「日本も、長い平和な眠《ねむ》りから、目覚めないといけない」

そう思わせるほどの衝撃《しょうげき》を、幕府の役人はもちろん、各地のサムライたちもまた、受けた。

土佐藩《とさ》＊3の坂本龍馬《りょうま》も、その一人だった。江戸にいたとき、ちょうど黒船の来襲《らいしゅう》に出くわした。

（日本を、欧米《おうべい》の国ぐにと、ごかくの力をもつ国にしていこう）

という思いが、龍馬の心を占《し》めた。

龍馬のような若《わか》いサムライが、たくさんあらわれた。

サムライのなかで、とくに下級武士たちは、吉之助《きちのすけ》がそうであり、大久保《おおくぼ》がそうであったように、みんな家がまずしい。

生活の苦しいなかで、世の中はおかしい、と感じる場面にも、若いころから出会っていた。

そのかれらが、欧米諸国《しょこく》のやり方にい

＊1 いまの神奈川県横須賀市《かながわけんよこすかし》。 **＊2** のちの東京。
＊3 いまの高知県。

きどおり、幕府《ばくふ》の政治が混乱《こんらん》しているようすを前にして、（変えていかなくてはいけない）という意識を強める。

かれらが、積極的な行動に立ちあがるまでに、そう時間はかからなかった。時代ははげしく動いていたからだ。

新時代へ向かって行動するサムライたちは、志《こころざし》を持った武士という意味で、「志士《しし》」と呼《よ》ばれた。

吉之助《きちのすけ》ものちに志士の一人となり、かれらを指導していく立場へと、駆《か》けあがっていく。

とはいえ、ペリー来航のころ、吉之助は、まだ鹿児島《かごしま》で平凡《へいぼん》な毎日をおくっていた。

来航前年にあたる嘉永《かえい》五年（一八五二）は、西郷《さいごう》吉之助にとってあわただしい一年となった。七月に祖父を、九月に父、一一月に母を次々《つぎつぎ》と亡《な》くしてしまう。

満二四歳《さい》の吉之助は、西郷家の長男として、一家をささえる身となる。大きな責任がのしかかった。

大家族をかかえたまずしいくらしは、あい変わらずであった。そのなかで、六歳年下の弟・吉二郎《きちじろう》が、兄を支えてよくはたらいてくれた。

三、名君斉彬《なりあきら》

吉之助が両親を失った前の年、薩摩藩《さつまはん》では、島津《しまづ》斉彬が藩主《はんしゅ》となる。外国の技術導入に前向きで、時代の先を見ることのできた人物であった。

時代が変わり、薩摩藩も変わっていくという空気が、吉之助にひしひしと伝わってきた。

「世の中を変える動きに、自分も関わりたい」

かれはそう真剣《しんけん》に思い、

「なにより、政治の中心である江戸《えど》へいってみたい」

と考えるようになった。

友人のサムライのなかには、江戸へいく機会を与《あた》えられた者もいた。吉之助はかれらを見送りながら、「自分も、いつかは」と、決意を心にくり返すのだった。

ペリー来航の翌年《よくとし》、安政《あんせい》元年（一九五四）のこと、吉之助《きちのすけ》にうれしい知らせがとどく。

藩主《はんしゅ》・斉彬《なりあきら》が参勤交代《さんきんこうたい》*で鹿児島《かごしま》から江戸《えど》へ向かうとき、かれも一行に加えてもらえるようになったのだ。

満二六歳《さい》の吉之助は、希望をもって、ふるさと鹿児島をあとにする。

体は大がらだったことから、長い旅をする一行のなかで、かれはよく目立った。

途中《とちゅう》の浦賀《うらが》では、ペリーが黒船をひきいて、ふたたび来航していた。アメリカの要求に応じて、幕府《ばくふ》がアメリカと日米和親条約《にちべいわしんじょうやく》を結んだのは、吉之助を含《ふく》む薩摩藩《さつまはん》の一行が江戸に着く三日前のことである。

吉之助が到着《とうちゃく》したとき、江戸の町は大さわぎになっていた。

しばらくして、吉之助に第二のチャンスがおとずれる。藩から庭方役《にわかたやく》という仕事を与《あた》えられたのだ。

かつて、農民を相手に仕事していた吉之助は、たびたび意見書を出した。そのことを、斉彬はよく覚えていた。

意見書は藩主の胸《むね》をうつこともあった。その文を書いたサムライが、自分のお供《とも》をする武士の一人として、いま江戸にいる。

（あのときの若者《わかもの》か。ぜひ会ってみたいものだ）

吉之助の人間性を知って、推薦《すいせん》する者もあらわれた。それもあって、斉彬はかれを選びだしたのだ。

庭方役は、藩主が過ごす部屋の庭先にいつもいる。そのため斉彬は、身分のちがいを超《こ》えて、直接、声をかけることができる。

自分の考えを伝え、ときには意見を交わすこともできた。

斉彬と吉之助は、立場の差、年齢《ねんれい》の差をとびこえ、たちまち仲よくなった。魚が水のなかを意のまま泳ぐように、おたがいに心を開いて、交流をはじめた。

さらにすすみ、斉彬は秘密《ひみつ》の命令をさずけて、吉之助を使いに出すこともあった。

吉之助ははりきって、どんなむずかしい仕事にも夢中でとりくんだ。庭方役となることで、無名の下級武士だったかれは、江戸で大活躍《だいかつやく》をはじめる。

＊各藩《はん》の藩主《はんしゅ》を定期的に江戸《えど》に行き来させる、幕府《ばくふ》が決めた制度のこと。

吉之助《きちのすけ》はのちに、庭方役《にわかたやく》として働いていたころをふり返り、斉彬《なりあきら》について、こう語っている。

「私《わたし》が斉彬公の前に出て、国内や外国の動きについて情報や意見を伝え、話がしだいに熱をおびるようになると、公は、意気投合するかのように身をのりだしました。自然とおたがいが近づいて、ついには、膝《ひざ》と膝をつき合わせるくらいの距離《きょり》になります。

私は、相手が君主であることを忘《わす》れ、公も、私が家来であることを、忘れてしまったかのようすでした。

こうしたことは何回あったか、わからないほどです」

一方の斉彬は、福井《ふくい》の越前藩主《えちぜんはんしゅ》・松平慶永《まつだいらよしなが》に会ったとき、吉之助についてこう話している。

「かれは独立心が強い男で、自分でないと使いこなせません」

吉之助は、たとえ藩主の前でも、へりくだってばかりではなかった。はっきりした意見を持ち、おそれずに発言し、行動していたのだ。

斉彬は、時代の変化を早く感じて、欧《おう》米《べい》の技術をとり入れることに熱心な藩主だった。

薩摩藩《さつまはん》は斉彬のもとで、軍艦《ぐんかん》をつくり、海ぞいに砲台《ほうだい》を築いて外国船に対するそなえとする。

洋式の銃《じゅう》もみずから生産した。さらに、大砲《たいほう》の材料としての鉄をつくる反射炉《はんしゃろ》、鉄砲《てっぽう》の火薬をつくるための製煉所《せいれんじょ》などを建設していった。

斉彬はまた、欧米式の武器を使いこなせるよう、武士たちを訓練した。

軍事力に関わることばかりではない。ガラスの製造にとり組み、写真の撮影《さつえい》を成功させるなど、新しい技術を、はばひろく採用することにつとめた。

これらを通じて、
（欧米《おうべい》に対抗《たいこう》できる力を身につけ、薩摩藩《さつまはん》を、やがては日本を豊かにしていこう）
という発想をからだった。

そうはいっても、当時の日本人は、まだ近代的な科学技術をしっかり身につけてはいない。見よう見まねでつくっているわけで、失敗は数しれなかった。うまくいかなくて、担当《たんとう》した者があきらめかけていたとき、斉彬《なりあきら》はおこりもせず、その者に、こうさとした。

「西洋人も、われわれ薩摩人も、同じ人間ではないか。かれらが出来るのなら、いずれうまくいく。くじけずに研究をすすめてほしい」

藩をあげての努力は、しだいに実を結んでいく。薩摩藩は、他の藩に先んじて、工業の力と軍事力を整備していった。それは、薩摩藩を実力ある藩へとおしあげ、幕末維新《ばくまついしん》の動きの中心に立たせるために役立つことになる。

吉之助《きちのすけ》の個性を生かした活躍《かつやく》も、斉彬がつくった基礎《きそ》のうえに、大きく花をひらかせたといえるだろう。

斉彬はまた、欧米諸国《しょこく》が、武力を背景《はいけい》にようしゃなく迫《せま》る事態を前にして、

「どうすれば、危機《きき》をのりこえられるのか」

について、真剣《しんけん》に考えた一人であった。

そのうえで、斉彬は、

「欧米諸国とわたり合うため、国を立て直そう」

と決意する。

この目的のため、幕府《ばくふ》の実力者や、有力な他藩《た》の藩主《はんしゅ》たち、そして各地のリーダーたちと連絡《れんらく》を取り合うようになった。

自分の手足となって、動く人材が必要だった。目をつけたのが吉之助である。

実際につきあってみて、斉彬は、かれを信頼《しんらい》にたる人物だとみとめた。


吉之助が江戸《えど》で活躍をはじめる、ちょうどその頃《ころ》だった。斉彬の子が幼《おさな》くして急に亡《な》くなり、斉彬本人も重い病気となる。

吉之助は、斉彬の回復を祈《いの》るとともに、こうした出来事が、斉彬を藩主の座《ざ》から除《のぞ》こうとする一派《いっぱ》が引き起こした、陰謀《いんぼう》だととらえた。

そこで吉之助《きちのすけ》は、志《こころざし》を同じくする薩摩《さつま》の仲間とともに、敵とみていた一派《いっぱ》の中心人物をたおそうと計画した。

この計画はまもなく、斉彬《なりあきら》の知るところとなる。

斉彬は大いに驚《おどろ》き、吉之助を呼《よ》びだして、こうさとした。

「いま大事なのは、日本という国をどうするか、のはずだ。藩内《はんない》の争いごとは、それに比べれば小さなものではないか。確かに、好ましくない人びとは藩のなかにいる。しかし、かれらも、古くから薩摩を支えた一族の者たちであろう」

「いったん行動を起こして、あからさまな内輪もめとしてしまうと、場合によっては、私《わたし》も退任しないといけなくなる」

「むしろ、敵対するかれらを、うまく使って、自然と不満を減らすようにすればよい。軽率な行動をして、私を困《こま》らせるようなことは、あってはならない」

これらの言葉を聞いて、深く反省した吉之助は、ただちに鹿児島《かごしま》の仲間へ手紙を出し、

「行動をつつしもう」

と伝えた。

思慮《しりょ》ぶかい藩主《はんしゅ》の判断を受けて、吉之助はよりいっそう身をひきしめ、斉彬のもとで、日本の行く末のために、全力ではたらくことを決心した。

その吉之助を、斉彬は、ますます信頼《しんらい》する。

信頼の証《あかし》として、斉彬はよく、自分が着ていた着物をぬいで、吉之助に与《あた》えることがあった。大がらのかれが着ると、肘《ひじ》のところまでしか、かくれない。

かっこうはよくなかった。それでも吉之助は、もらったときのまま、ずっと大事に着ていた。


のちの時代、小説家の武者小路実篤《むしゃのこうじさねあつ》は、吉之助について、

「かれのいるところは、なんとなく明るい」

と書いている。それは、

「こせこせしたところや、自分さえよければいいという態度がなく、たえず大きな目で、ものを見ていた」

といったところから、受ける感じである。

さらに、実篤は、

「維新《いしん》の時代に、かれのような人間がいてくれたことは、日本にとってしあわせだった」

とも述べている。

その吉之助《きちのすけ》が、名君といわれた斉彬《なりあきら》に見いだされ、さかんに活動をはじめる。

斉彬は、かれの力を見抜《みぬ》いていた。

ものごとに動揺《どうよう》しない、キモのすわったところは、とりわけたよりになった。

ものわかりがよく、茫洋《ぼうよう》としたなかに細かな気づかいもできて、むずかしい使命をあたえても、ちゃんとこなしてくる。

斉彬は、かれをあちこちに出向かせて、リーダー的立場にある人物と交流させた。

自分の役割《やくわり》を自覚して、吉之助は、いっしょうけんめい働いた。

しかしそれは、(斉彬のためになる)というだけの考えからではない。同時に、(日本のためになる)と、みとめていたからだった。

四、東湖《とうこ》と左内《さない》

吉之助が会ったのは、どういう人物だったのか。

かれはまず水戸へいき、藤田《ふじた》東湖という名高い学者を訪問《ほうもん》する。

東湖は武芸にひいでた、浅黒くて大きな男だった。当時の幕府《ばくふ》のやり方を、あやまりだと指摘《してき》し、正すべきだという、きびしい考えをもっていた。

どんなサムライも一目《いちもく》置き、おそれる人物だった。

東湖のもとには、立場がことなる、さまざまな志士《しし》たちが、みな、その意見を聞こうとしてやってきた。

吉之助は会見のとき、東湖から酒をすすめられる。

実をいうと、吉之助は、それほど酒を飲みなれていなかった。

それでも無理をして飲んでいるうちに、すっかり酔《よ》っぱらってしまった。やがて気持ちが悪くなり、吐《は》いてしまう。

東湖はそのようすを見て、むしろ、かれを気に入った。

「えらぶらない、ありのままのお人だ」

そして、ふたりはたちまち、おたがいに、気持ちが通じ合う者どうしとなった。

満四八歳《さい》の東湖《とうこ》は、満二六歳の吉之助《きちのすけ》に対して、いつしか、

「自分の志《こころざし》を継《つ》ぐ者は、この男だ」

と、思うようになった。

一方の吉之助のほうは、東湖と会った感激《かんげき》を、鹿児島《かごしま》にいた親せきに、こう書きおくっている。

「清らかな水をあびた心になり、帰る道を忘《わす》れてしまったほどです」

しかし、東湖は吉之助と会った翌年《よくとし》、安政《あんせい》の大地震《おおじしん》のときに、年老いた母親を助けようとして、くずれた屋敷《やしき》の下じきになって、亡《な》くなってしまう。

大地震の翌々日《よくよくじつ》にあたる安政二年（一八五五）一〇月四日、ふるさとの知りあいへ書いた手紙で、吉之助は、

「なにも言うことはできない」

と、東湖を失ったショックを伝えている。

当時の日本では、外国への対応をめぐって、攘夷《じょうい》*1を主張する者が多かった。

これに対して、「開国して、外国の技術や文物を、とり入れたほうがよい」と、考える者もあらわれた。後者の代表は、越前《えちぜん》*2藩士《はんし》の橋本左内《はしもとさない》である。

安政二年一二月、吉之助はかねてより関心をもっていた左内と会う。

左内は医者の子に生まれ、満一五歳のとき大坂に出て、緒方洪庵《おがたこうあん》の蘭学塾《らんがくじゅく》*3に入門した。ここで蘭学や医学をおさめたうえで、ふるさとに帰り、父を継いで藩《はん》の医者となる。

左内は、藩主《はんしゅ》の松平慶永《まつだいらよしなが》に見いだされて、藩の政治に関わるようになっていた。

こうした点は、吉之助とよく似《に》ている。

東湖と交流があった点も、吉之助と同じだった。

左内は、吉之助がそうであるように、藩主の期待のもと、積極的に活動することで、全国の志士《しし》の間で名が知られてくる。

*1 外国人を追い払《はら》おうという考え。 *2 いまの福井県。
*3 オランダの学問をおさめる塾《じゅく》。オランダは欧米諸国《おうべいしょこく》のなかで、江戸幕府《えどばくふ》が唯一《ゆいいつ》交流していた国だった。

「越前《えちぜん》の橋本《はしもと》どのは、若《わか》くして藩主《はんしゅ》の右腕《みぎうで》となっている。非凡《ひぼん》な方のようだ」

評判を聞いて、吉之助《きちのすけ》は、ぜひ一度、会っておきたいと思っていた。

面会の機会はまもなく訪《おとず》れた。

左内《さない》の方から訪《たず》ねてきたのだ。

かれはまだ二一歳《さい》。色白にしてやせ型であり、生真面目《きまじめ》な秀才《しゅうさい》に見える。大がらで、茫洋《ぼうよう》としたところのある吉之助とは、正反対のタイプだった。

左内の最初の印象は、吉之助にとって、必ずしもよいものではない。

(頭でっかちで、行動力をともなわない者ではないか)

と感じ、たよりなく思った。

一方の左内にしても、はじめ、吉之助を、熱意はあっても、結局は、悲しみやいきどおりの気持ちをもとに、

(世の中を、なげくだけの人物ではないか)

と見ていた。

それでも、最初に会った翌日《よくじつ》、こんどは、吉之助のほうが、お返しに左内を訪ねた。意見の通じ合わない人物と決めつけて、遠ざけたのではないことがわかる。

左内と吉之助は、その二年後、将軍《しょうぐん》のあと継《つ》ぎを誰《だれ》にするか、という大きな問題につき当たって、命がけで行動をともにする。

異色《いしょく》の取り合わせだったが、この一件を通じて、ふたりは、同志のような信頼《しんらい》を築いていくのだから、人間の出会いというものはふしぎである。

吉之助はのちに、

「私《わたし》が敬服《けいふく》したのは、先輩《せんぱい》なら藤田東湖《ふじたとうこ》先生、同輩《どうはい》なら橋本左内」

と、周囲によく話していた。

五、重なる逆境

こうして、江戸《えど》で二年の年月が過ぎていく。

三年目となる安政《あんせい》三年（一八五六）、吉之助は相変わらず庭方役《にわかたやく》という立場ながら、斉彬《なりあきら》と部屋で密談《みつだん》をすることがふえた。それはときに、一時間におよぶこともあった。

この時期になると、吉之助《きちのすけ》は、斉彬《なりあきら》の秘書《ひしょ》役としてさまざまな仕事をおこなっている。

斉彬から託《たく》された秘密《ひみつ》の書状を、水戸藩《はん》の徳川斉昭《なりあき》や、幕府《ばくふ》の老中《ろうじゅう》*1・阿部正弘《あべまさひろ》へ届《とど》けたこともあった。ともに当時の、最高実力者である。

危機《きき》におちいった日本をひとつにまとめ、幕府の指導力を回復するために、斉彬が期待したのは、ときの将軍《しょうぐん》・徳川家定《いえさだ》に代えて、英明だといわれた一橋慶喜《ひとつばしよしのぶ》を将軍にすることだった。

斉彬の意をうけて、吉之助はさかんに行動した。なにより、薩摩《さつま》藩の、幕府への影響力《えいきょうりょく》を強めないといけない。

島津《しまづ》一族の娘《むすめ》・篤姫《あつひめ》を、家定の妻にする動きも、こうした目的のためであった。妻にするといっても、相手は将軍である。当時は多くのしきたりがあって、順番をふまないといけない。

吉之助は、慎重《しんちょう》に行動した。

まず、篤姫を、京都の有力公卿《くぎょう》*2の近衛《このえ》家の養女とする。そのうえで、「近衛家から」というかたちで、将軍に嫁《とつ》がせる。吉之助は、一連のこの嫁入《よめい》り計画に、下工作《したこうさく》の中心となってはたらいた。

そうしたなかで、吉之助は、江戸《えど》と京都をなんども往復した。

京都の有力者とのつながりもできた。

知り合ったひとりに、近衛家に出入りしていた僧《そう》・月照《げっしょう》がおり、のちに深い関わりをもつようになる。


多忙《たぼう》な安政《あんせい》三年も過ぎ、翌《よく》四年の五月二四日になって、吉之助は晴れて、ふるさとの鹿児島《かごしま》に帰ってきた。

藩主《はんしゅ》の参勤交代《さんきんこうたい》に従《したが》う無名の下級武士だった男が、三年四か月ぶりに帰郷《ききょう》したときは、藩主を支える最重要な家臣《かしん》になっていた。

すっかり名をあげた一家のあるじを、西郷《さいごう》家は、総出《そうで》であたたかく迎《むか》えた。

久しぶりに帰る先は、住みなれた下加治屋《しもかじや》町の生家ではなく、甲突《こうつき》川を挟《はさ》んだ対

＊1 全国を統治する徳川将軍《しょうぐん》に直属し、実際に政治をとりおこなう幕府《ばくふ》の最高職。
＊2 天皇《てんのう》につかえる貴族《きぞく》のなかで、最も位《くらい》の高い存在《そんざい》。

岸にある上之園《うえのその》の借家である。借金返済《へんさい》のため、生家《せいか》は売ったのだ。

それでも吉之助《きちのすけ》はかまわなかった。家族水入らずで、団らんと休養のひとときを送ることができれば、それでよかったのだ。

鹿児島《かごしま》でつかのまの安らぎにあった吉之助に、思いもよらない、悲しい知らせがとどく。

阿部正弘《あべまさひろ》の病死であった。まだ三七歳《さい》のはたらきざかりなのに、どうしたことか。老中《ろうじゅう》の地位にあった阿部正弘は、斉彬《なりあきら》の理解者であり、大きなうしろ盾《だて》である。薩摩藩《さつまはん》の藩主《はんしゅ》に斉彬がなれたのも、阿部の尽力《じんりょく》があったからだ。

そして、「一橋慶喜《ひとつばしよしのぶ》を将軍《しょうぐん》にする」という斉彬の計画は、阿部の理解と力があって、はじめて実現するはずだった。

その阿部を突然《とつぜん》、失ったのである。

斉彬は、すっかりうちひしがれた。

阿部なきあと、幕府《ばくふ》では、慶喜を将軍にすることに反対する紀州《きしゅう》*1派《は》が、勢いをもり返してくる。紀州派は、慶喜ではなく、自派《じは》・紀伊《きい》藩の徳川慶福《よしとみ》を将軍の座《ざ》につけようと、くわだてていた。

こうしたなか、斉彬は気を取り直し、慶喜擁立《ようりつ》*2の工作をさらにすすめることを決意する。政治的なたたかいが、斉彬一派《いっぱ》と紀州派の間で、くりひろげられるようになった。

時代の流れが急変するなか、斉彬の手足となって動く人物として、西郷《さいごう》吉之助が呼《よ》びもどされた。

「たいへんなことが起きている。ぜひ江戸《えど》へ行ってほしい」

信頼《しんらい》する藩主からの命をうけ、吉之助は、休暇《きゅうか》をわずか四か月あまりで切りあげた。

一一月一日、鹿児島を出発する。

途中《とちゅう》、かれは九州の熊本《くまもと》や福岡《ふくおか》、下関《しものせき》などに立ち寄り、現地の有力な志士《しし》と会い、親交を結んでいる。

これらをへて、江戸についたのは、一二月六日であった。

*1 紀伊国《きいのくに》。いまの和歌山県と三重県南部。 *2 将軍《しょうぐん》に立てること。

吉之助《きちのすけ》はまず、江戸《えど》の越前藩屋敷《えちぜんはんやしき》を訪《たず》ね、橋本左内《はしもとさない》と再会した。

まもなく、こんどは、左内が吉之助を訪問《ほうもん》する。ふたりは、慶喜擁立《よしのぶようりつ》工作の同志として、ともに運動をすすめる固い約束をするのだった。

翌安政《よくあんせい》五年（一八五八）一月、吉之助と左内は、まず、ときの将軍《しょうぐん》・家定《いえさだ》の夫人となっていた篤姫《あつひめ》に、はたらきかけた。

しかしこの動きはうまくいかず、方針《ほうしん》を変えざるをえなくなる。

吉之助と左内は、ある秘策《ひさく》を考えた。

「次の将軍は慶喜にするべし」

という内勅《ないちょく》*1を、朝廷《ちょうてい》から得る策《さく》である。

まさに奥《おく》の手をいえた。この秘策を胸《むね》に、吉之助は江戸を出発し、京都へ向かう。三月のことだった。

京都に着くと、吉之助はさっそく、僧《そう》・月照《げっしょう》らを通じて、内勅を得るためさかんに動く。

一方、左内のほうは、ときの老中《ろうじゅう》・堀田正睦《ほったまさよし》と接触《せっしょく》して、慶喜を次の将軍にするよう、はたらきかけた。

しかし、ここでまた、事態が一変する出来事が起こる。

吉之助と左内が必死の工作をしていたさなか、安政五年四月二三日になって、なんと堀田が失脚《しっきゃく》＊2してしまう。

新たに登場したのが彦根《ひこね》＊3藩《はん》藩主《はんしゅ》の井伊直弼《いいなおすけ》であった。幕府《ばくふ》の権力《けんりょく》をめぐる、紀《き》州派《しゅうは》の巻《ま》きかえしである。

井伊は大老《たいろう》という高い位《くらい》につく。

そして六月二五日、幕府は徳川慶福《よしとみ》が次の将軍になると発表した。慶喜擁立派の敗北であった。

井伊がとり仕切るようになった幕府は、さっそく慶喜擁立派に対し、厳《きび》しい処分《しょぶん》をくだす。

中心となった水戸藩前藩主の徳川斉昭《なりあき》、越後《えちご》藩の松平慶永《まつだいらよしなが》を謹慎《きんしん》とし、徳川（一《ひとつ》橋《ばし》）慶喜自身にも、江戸城《えどじょう》へ来ることを禁止した。

吉之助たちの運動も、決定的にくじかれることになった。

＊1 天皇《てんのう》の内々《うちうち》の意思。　＊2 地位を失うこと。　＊3 現在の滋賀《しが》県《けん》北東部。

しかも翌《よく》六日、こんどは将軍《しょうぐん》・徳川家定《いえさだ》が没《ぼっ》してしまう。

「なんということか」

「政治とはおそろしいものだ」

吉之助《きちのすけ》の心に、さまざまな思いがうず巻《ま》いた。


そのうえに、さらに深刻《しんこく》な出来事が、吉之助に襲《おそ》いかかった。

同じ七月の一六日、薩摩藩主《さつまはんしゅ》・島津斉彬《しまづなりあきら》が急死したのだ。

吉之助は斉彬に、

「兵をひきいて、京都へ向かってほしい」

と働きかけていた。井伊直弼《いいなおすけ》に対抗《たいこう》するためだった。

上洛《じょうらく》*1にそなえ、兵を訓練させている矢先で、まさにこれからというとき、斉彬は急な病気となる。そして、わずか一二日でこの世を去ってしまったのだ。

吉之助のショックははかり知れない。

悪い知らせばかりが続くなか、信頼《しんらい》していた藩主まで失うことになった。いったい、これから、どうすればいいのだ。

絶望した吉之助は、思いあまって、殉死《じゅんし》[*2]を選ぼうとさえした。

一気に向かい風が吹《ふ》きあれだした。

六、逃避行《とうひこう》

井伊直弼は力をもつと、アメリカとの間で不平等な日米修好《しゅうこう》通商条約を自分の判断で結び、反対する勢力に対しては、さらに苛酷《かこく》な対処《たいしょ》をおこなった。

九月七日よりはじまった、「安政《あんせい》の大獄《たいごく》」と呼《よ》ばれる大弾圧《だんあつ》である。

このとき死罪になった志士《しし》たちのなかに、長州[*3]藩士《はんし》・吉田松陰《よしだしょういん》、水戸藩家老《かろう》・安島帯刀《あじまたてわき》などのほかに、吉之助とともに慶喜擁立《よしのぶようりつ》に奔走《ほんそう》した橋本左内《はしもとさない》がいた。

吉之助の周囲では、幕府《ばくふ》の追及《ついきゅう》があちこちにせまり、かれ自身も安全ではなくなっていた。

*1 京都へ入ること。　*2 主君のあとを追って自分も死ぬこと。　*3 長門国《ながとのくに》。いまの山口県西部。

京都では、幕府《ばくふ》の役人が、吉之助《きちのすけ》に協力した僧《そう》・月照《げっしょう》を逮捕《たいほ》するため、探《さが》していた。

実は斉彬《なりあきら》が急死したとき、絶望の淵《ふち》におちいって、死のうと覚悟《かくご》した吉之助を、説得して思いとどまらせた人物こそ、月照だった。

「殉死《じゅんし》など、斉彬公は望んでいないはずだ。その遺志《いし》*を継《つ》ぎ、実現に向けて動くことこそが、亡《な》き公の望みだと思う」

月照の言葉に、吉之助は深く納得《なっとく》し、自分の進むべき道を確認《かくにん》したのである。

その月照の身に、危険《きけん》がせまっている。

吉之助は、つながりがあった近衛《このえ》家から、その月照の保護をたのまれた。

かれは近衛家にひそんでいた月照を、夜の闇《やみ》に乗《じょう》じて、ひそかに連れだす。

「幕府の役人があちこちにいて、このままでは危険です。京都から逃《に》げましょう」

実際、追っ手は、周囲からひたひたと近づいてくる。

急ぎ奈良《なら》へと向かうことにした。月照の親戚《しんせき》が住んでいたからだ。

まずは、伏見《ふしみ》への道をすすんでいく。

途中《とちゅう》で、休息のため茶屋に入ろうとして、吉之助の一行は驚《おどろ》いた。なんとそこには、反対派《はんたいは》を逮捕しようとする、幕府の役人が群れつどっていたのだ。

「おや、たいへんだ」

そうは思ったが、あわてて逃げては、かえって怪《あや》しまれる。吉之助はゆったりした足どりで戻《もど》り、まず月照を箱形の駕籠《かご》のなかに入れ、かくした。そのあと、仲間のサムライとともに、その茶屋へ、ふたたびゆうゆうとすすんだ。

仲間とは、わざと笑って会話をはずませながら、落ちついて店へ入ることにした。追っ手から逃《のが》れているようすなど、少しも見せず、幕府の役人には、まるで関心がないかのごとくふるまい、店でしばらく過ごした。

幕府の役人は吉之助たちをちらちら見たが、あやしいようすも見いだせなかったので、結局は、手をくださないで終わった。キモのすわった行動が幸いしたのである。

茶屋の危険を切りぬけた吉之助は、伏見に着くと、形勢をさぐったうえで、月照にこう告げるのだった。

＊果たすことができず残した志《こころざし》。

「幕府《ばくふ》の捕吏《ほり》*1がすでに四方《しほう》にいます。京都に近い奈良《なら》は、もはや、安全とはいえません。このさい、私《わたし》のふるさと薩摩《さつま》へ行きましょう」

月照《げっしょう》はこの提案にうなずく。一行は方向を変え、向かう先を大坂とした。

そこから海路を使い、薩摩へ逃《に》げるつもりだった。

実はこのとき、吉之助《きちのすけ》は月照を仲間のサムライに託《たく》して、いちど京都へ戻《もど》った。新藩主《はんしゅ》がちょうど参勤交代《さんきんこうたい》で帰ってくる機会をとらえ、薩摩の兵をとどめておくように運動するためだった。井伊直弼一派《いいなおすけいっぱ》を牽制《けんせい》*2する目的である。

この工作を成功させた吉之助は、大急ぎで大坂へと向かい、月照と合流する。

移動する間でも、吉之助は情報をあちこちから得ていた。

大坂へ行く途中《とちゅう》では、仲間のサムライから、

「逃げていく月照の一行を京都で泊《と》めた宿の主人が、幕府の役人に捕《つか》まった。そこから情報を得た捕吏が、まもなくやって来るだろう。急いでこの地を離《はな》れたほうがいい」

と、教えられた。

もう時間がない。

夜を待って、一行は、買い入れた船に乗りこむ。捕吏の影《かげ》がひたひたとせまるなか、吉之助たちは、間一髪《かんいっぱつ》で船を出港させた。追い風に矢を射《い》るようにすすむ船の早さは、脱出《だっしゅつ》を果たした出来事の早さのようであった。

やがて下関に着く。吉之助は、月照を現地の仲間にあずけて、一足早く薩摩へ入った。月照の保護を、薩摩藩《はん》の有力者にたのむためである。

しかし、藩の雰囲気《ふんいき》は斉彬《なりあきら》なきあと、一変していた。吉之助がいくら説得しても、指導者たちは幕府をおそれ、月照を守る態度を示せない。

やがて、月照が遅《おく》れて薩摩入りする。しかしこのとき、藩庁《はんちょう》はもはや、かれを、やっかいな存在《そんざい》としかみなさなかった。

幕府の捕吏は、月照の探索《たんさく》をきびしくしている。

この形勢を見て、藩庁はついに、お尋《たず》ね者の月照を藩から追放する、と決めてしまう。

＊1 罪を負った者を逮捕《たいほ》する役人。　＊2 相手が自由に行動できないようにすること。

月照《げっしょう》はもはや、死を覚悟《かくご》しないといけなくなった。

月照の保護をはたせなくなった吉之助《きちのすけ》は、深く自責《じせき》の念[*1]にかられた。

その吉之助に対し、藩庁《はんちょう》は、

「月照の追放は、即日《そくじつ》おこなえ」

と、まるで追い打ちをかけるように、せまってきた。

夜半になって、吉之助は月照と船に乗りこみ、鹿児島湾《かごしまわん》の海上へと出る。季節は現在の暦《こよみ》で一二月二〇日。南国薩摩《さつま》とはいえ、冬の海はたいへん寒い。

湾内《わんない》をしばらく航行したのち、吉之助は、月照といっしょに甲板《かんぱん》へでた。

ちょうど十五夜だった。

月の光は波間にゆれ、銀の波がひろがるようであった。月照はこのとき短歌をつくって、よんだ。

「舟人《ふねびと》の　こころつくしに　波風の

あやうきなかを　こぎていでにき」

〈船にいる人たちの、まごころを受けて、波風のなか

あやういわが身を運んで、いま船は、海へこぎだしていく〉

そして、月照はまた、ここまで自分を守って来てくれた吉之助たちへの感謝の気持ちを、短歌にうたった。

「答うべき　かぎりは知らで　不知火《しらぬい》*2の
つくしにつくす　人のなさけに」

〈あのたくさんの不知火の火のように、多くの人のなさけに尽《つ》くされて、

（ありがたくて）なんと答えていいか、わからないほどだ〉

月照は、まもなくやってくる自身の運命を、さとっていた。

吉之助も気持ちは同じである。

ふたりは決心していた。

（ここまできたら、いさぎよく、ともに死につこうではないか）

そう以心伝心《いしんでんしん》*3で、おたがいが察した。

*1 自分に責任があると考えること。　*2 夜の海の上に多くの光が点在し、ゆらめいて見える現象。
*3 言葉を使わなくても、心と心で通じ合うこと。

月明かりのなか、しばらく海の夜景をながめていたのち、ついにふたりは、抱《だ》きあって身を海中へ投じたのである。

驚《おどろ》いたのは船人だった。飛びこんだあたりの、海をながめると、月光のふりそそぐ海面は、どこまでも静かだった。

やがて波の上に、ふたつの塊《かたまり》が浮《う》かびあがる。

船人はみんなで救出にあたり、ようやくのことで船に、両人の身をひきあげた。すでに多くの時間が経過している。寒い海のなかに長くいたので、ふたりの体は、冷え冷えとしていた。

船人はふたりを、けんめいに介抱《かいほう》した。ひとりは助からなかったが、もうひとりは、介抱のしがいがあった。

息を吹《ふ》き返したのは吉之助《きちのすけ》のほうだ。かれはゆっくりと、特徴《とくちょう》的な「うどめ」を開いたのである。しかし、月照《げっしょう》はもう目を開かなかった。

命は得たが、大事な月照を失った。自分だけが生きている現実に、吉之助は苦しみ、なやむ。

一方、一部始終を知った薩摩藩《さつまはん》は、月照とともに吉之助も溺死《できし》したことにして、幕府《ばくふ》の追及《ついきゅう》を避《さ》けることにした。

なんといっても吉之助は、前の藩主《はんしゅ》・斉彬《なりあきら》に任用されて活躍《かつやく》した薩摩藩士《はんし》なのである。その身を助けるのは、斉彬なきあとの薩摩藩であっても、当然の行動だといえた。

藩庁《はんちょう》はかれを、幕府の探索《たんさく》がおよばない、南海の島へと逃《に》がすことに決めた。吉之助は菊池源吾《きくちげんご》と名を変え、流罪人《るざいにん》のような形となり、奄美《あまみ》大島へ送られることになった。

南海の離島《りとう》で、身をかくす生活がはじまる。

名君といわれた島津《しまづ》斉彬のもと、江戸《えど》で縦横無尽《じゅうおうむじん》*1の活躍をしていた西郷《さいごう》吉之助は、その運命が一変し、流罪人・菊池源吾として長い潜伏《せんぷく》*2時代を過ごす身となったのだ。

*1 ものごとを思う存分《ぞんぶん》にすること。　*2 潜《ひそ》んで暮《く》らすこと。

七、南島の村

安政《あんせい》六年（一八五九）一月はじめ、吉之助《きちのすけ》を乗せた船は、鹿児島湾《かごしまわん》の山川港を出発した。福徳丸《ふくとく》という名前で、ふだんは、砂糖《さとう》の運搬船《うんぱん》として使われている。

追い風に帆《ほ》をあげた福徳丸が、奄美大島《あまみ》の阿丹崎《あざんざき》に着いたのは、同じ月の半ばである。着岸したのは、一〇戸ほどの家が石垣《いしがき》をめぐらしてあるだけの、さびしい港だった。

港は、奄美で生産される砂糖を、鹿児島まではこぶ基地の一つとなっていた。吉之助の目にとまった建物は、近隣《きんりん》から集まる砂糖を、一時的にしまっておく倉庫である。

さらに大きく視線《しせん》をめぐらすと、黒潮《くろしお》のうねりのなかにある島は、どこまでも緑が濃《こ》い。

かかえようとしても手がとどかないほどの、太い幹《みき》のガジュマルが、枝を八方《はっぽう》にひろげて、うっそうとしげる。

家々《いえいえ》のほうにはソテツの赤い実がならんでみえ、渚《なぎさ》ではアダンの防風林が、おばけのように身をゆらしていた。アダンの根元はときどき、波があらっている。

これら南島の光景に、吉之助はすっかり目をうばわれた。

(たしかにこの地は、鹿児島とは違《ちが》う)

もっともここは、重い罪をせおった者が流される島であり、吉之助も、あつかいはその一人にすぎない。

島の役人に囲まれながら、かれはのっそりと、浜《はま》をあるきだした。

島民にしてみれば、腰《こし》には大小の刀《かたな》をさし、島津《しまづ》家の家紋《もん》*1をいれた羽織《はおり》*2を着ているから、立派《りっぱ》な立場にあった人物だというのはわかる。そのうえ、このサムライはたいそう大がらで、役人やほかの船員たちより頭一つ高い。

島の役人は、どことなく丁重《ていちょう》に接していたが、サムライは不機嫌《ふきげん》なようすだった。大男だから、機嫌のわるさが、いやでも目立つ。

*1 家ごとの紋章《もんしょう》。島津《しまづ》家の場合は「丸に十の字」。
*2 上に着る丈《たけ》の短い和服。礼儀《れいぎ》をもって行動するときに着用した。

島民はおどろきおそれ、ガジュマルやアダンのかげにかくれて、遠まきに、かれをながめるだけだった。

幕府《ばくふ》に追われて逃《に》げおちたふるさとで、月照《げっしょう》を守りきれず、死にいたらしめた。斉彬《なりあきら》はすでにこの世になく、仲間もたくさん失った。時代は暗く、自身も流罪人の扱《あつか》いである。

明るい気持ちになれといわれても、無理であったろう。

しかし、おかれた身のうえだけが、吉之助《きちのすけ》を不機嫌《ふきげん》にしたわけではない。未知の島で迎《むか》えるさんざんな気候が、いけなかった。

「ここはほんとうに雨ばかりで、一日も晴れた空をみることができない」

かれは鹿児島《かごしま》の仲間に、島からの最初の手紙で、そう不満を伝えている。

実際、一月や二月の奄美《あまみ》大島は、季節風がふきあれて、「一か月に三五日、雨がふる」と地元でもいわれるほど、うっとうしい雨期が続く。

この気候のせいで、吉之助の胸《むね》も、よけいに重くふさがれるのだった。

満三一歳《さい》の吉之助がくらすことになったのは、島の東部に位置する龍郷《たつごう》という村である。海岸ぞいにあった小さな家を借りて、みずから自炊《じすい》＊生活をはじめた。

かつて農村をまわっていた若《わか》いころ、民衆《みんしゅう》には同情心をいだくことの多かった吉之助だが、奄美大島に来てすぐは、島民とうまくいかなかった。

島民は大男を警戒《けいかい》する。吉之助のほうも、ムッとしたままで、とけこもうとはしない。

最初は、島で話されている言葉もわからなかった。かれは孤独《こどく》と不信にくるしむことになった。

鹿児島の仲間への手紙で、

「ハブのように、こちらを食いとろうとする、あやしい面がある」

「対応はばかていねいだが、トウガラシの下なる味わいだ」

と、吉之助は、島民への、あなどりともいえる言葉をはいている。

奄美大島には猛毒《もうどく》のハブがいるから気をつけろ、と、鹿児島でいわれてきたが、「まさに住民そのものがハブのようだ」と、いらだつように書き伝えてもいる。

＊自分で食事をつくること。

また、島民のていねいさは、形だけのもので、

「誠意《せいい》が感じられず、トウガラシのように辛《から》みを含《ふく》んだ対応だ」

と批判《ひはん》している。

そうはいっても、同じ手紙のなかには、島の女性たちの野性的な美しさにふれ、

「あらよう」

と、民謡《みんよう》のかけ声をなげかける箇所《かしょ》もあって、吉之助《きちのすけ》の心にはユーモアも生じていた。

さらに、吉之助は手紙のなかで、薩摩藩《さつまはん》が島民にきびしくあたるようすを観察し、砂糖《さとう》の生産を無理にさせて、島民をいじめていると、藩のありかたを問題視《もんだいし》している。

「島民の苦しみが、これほどとは思わなかった。あってはならないことだと、驚《おどろ》いている」

こう記して、吉之助は、しいたげられた島民への同情心を明らかにする。

民衆《みんしゅう》を愛していこう、という吉之助の人間性は、周囲の島の人びととなじめない時期にあっても、変わらなかった。

最初の半年ほど、龍郷《たつごう》のくらしは孤独《こどく》であった。鍋《なべ》や薪《たきぎ》など、生活するための用品に不自由し、島の代官あてに、支給をたのむ手紙が残っている。

しばらく前までは、仲間と会って、世の中をよくする運動にとりくむ毎日だった。しかし、島に来てしまえば、国の現状とゆくすえについて、誰《だれ》一人、話し相手はいない。

(さびしいものだ)

つくづくそう思い、気持が落ちこむことも、めずらしくなかった。

四月になると病気をして、かれは寝《ね》て過ごす日もあった。その時期、島は気温や湿度《しつど》が急にあがる。大がらの吉之助には、体質的につらいものがあったようだ。

ついに吉之助は、龍郷から引っ越《こ》しをしたいと、代官にうったえることまでした。しかし、この願いは、かなえてもらえなかった。

(とにかく、この島の生活に、なれていこう)

と考え、かれは自分から努力しはじめた。すると、すさんだ心がしだいにおさまってくる。

そうなると、ふしぎなことに、こんどは島民のほうも、吉之助《きちのすけ》に人情をかける。かれをたよりにするようになってきた。薩摩《さつま》からくる乱暴《らんぼう》なサムライとはちがって、民衆《みんしゅう》思いの人間性を、見ぬいたからであろう。

島民のたのみにしたがって、まずかれは、一〇歳《さい》ほどの島の子どもたち三人を教育した。

おたがいが努力した結果、日を重ねることに島民との交流は深まり、吉之助はついに、生活を一変させる出来事を迎《むか》えることになった。

結婚《けっこん》である。

相手は島の名門・龍《りゅう》家の娘《むすめ》で、「おとまがね」という名前であった。早くに父親をなくし、芭蕉布《ばしょうふ》の織物《おりもの》を仕事にしてきた女性で、年は吉之助より一〇歳下。大がらなところが吉之助に似《に》ていた。

「よろしくおたのみ申す」

「こちらこそ、どうぞおねがいいたします」

両人ともに気があって、話はとんとん拍子《びょうし》ですすんだ。

その年の一一月八日、二人は島民たちに祝福され、結婚式《けっこんしき》をあげた。「おとまがね」

はこれを機に、愛加那《あいかな》と名前を変えている。

吉之助はついに島民と親せき関係になったのだ。

結婚をして、新しく家庭をもてば、生活用品もいろいろ必要になる。吉之助はその時期、代官やふるさと鹿児島《かごしま》の実家に、注文の手紙をくりかえし出している。注文された品のなかには、米、みそ、しょうゆなど、暮《く》らしの必需品《ひつじゅひん》がならんでいた。

実際、ふたりは仲のよい夫婦だった。「妻をかわいがる」というのを、島言葉で、「トジ、カナシャシウム」という。吉之助はまさにこの通りの夫になった。

夫婦はのちに、菊次郎《きくじろう》、菊子《きくこ》と、ふたりの子どもをもうけている。

八、不正を許さず

結婚もきっかけとなり、吉之助は島民の立場に身を置いて、行動することがふえた。島にはいくつかのエピソードが後代まで語りつがれている。

その一つは、次のような話である。

文久元年（一八六一）三月、薩摩藩士《さつまはんし》・相良角兵衛《さがらかくべえ》が奄美《あまみ》大島の代官となった。

相良は、島にくると、砂糖《さとう》の取り立てを、ようしゃなくおこなった。

さらに、

「砂糖をかくしただろう」

と島民をうたがい、問いただすために、何人かを捕《と》らえてとどめておく乱暴《らんぼう》なやり方まで、平気で実行した。

あきらかに、いきすぎである。

島民はこまりはてて、会合をかさねた。しかし、支配される身に名案はない。

話を聞いて、吉之助《きちのすけ》が動く。さっそく役所のある名瀬《なぜ》へ行き、相良を問いつめる。

最初は、しらばくれていた相良だが、大島目付《めつけ》*・木場伝内《こばでんない》の協力もあって、相良の不正は、ついにあばかれることになった。

相良は、おそれをなして、捕らえていた島民を釈放《しゃくほう》した。

斉彬《なりあきら》のもとで活動していた時代に、吉之助は伝内と会う機会をもっている。そのときから、おたがい気持ちが通じていた。島に流された吉之助にとって、伝内は、胸《むね》をひらいて話ができる相手だった。

実は、大島に流された吉之助を守る心づもりをもって、伝内は、鹿児島《かごしま》から役人として派遣《はけん》されていたのだ。それもあって、奄美に流されていた吉之助の、めんどうを厚くみた人物として知られている。

ところで、一件が解決したあとでも、相良角兵衛への悪感情は、のちのちまで吉之助のなかから消えなかった。それは文久三年三月、奄美大島の島役人・得藤長《とくふじなが》あての手紙のなかに、相良をさしたものとして、

「おとなりの、わるだくみのおやじ」

との言葉が、出てくることからもわかる。正義感の強い吉之助らしい。

もう一つ、島に伝わる、吉之助の「悪い役人をこらしめた事件」を紹介《しょうかい》してみよう。

島民には、砂糖を生産して、薩摩藩に差し出すことが義務づけられていた。

＊不当なおこないを見はる役人。

しかし、それ以上につくった「余計糖《よけいとう》」は、島民ひとりひとりの努力の結果であって、役人は、生活に必要な品物と交換してあげないといけない。ところが、この「余計糖」にかんして、中村という役人が島民にひどいことをした。

目方《めかた》をごまかして、交換する量を少なくしたのだ。

差額は、勝手に自分の持ち分としてしまう。

「余計糖」の交換で得る品物は、島民にとって、一年の生活のために、どうしても必要だった。

生きて行くための、たのみの綱《つな》である。

中村という役人は、島民がいくら困《こま》ろうと、へいちゃらだった。

それどころか、

「交換できる量が、少ないのではないでしょうか」

と、おそるおそる島民がいうと、大声をあげて、どなりちらす。相手に恐怖感《きょうふかん》を与《あた》えて、なにも言えないようにしたのだ。

この役人は、島民にいつも、無理な注文ばかりをくだした。さからわせないように、するためである。

ささいなことで、しかりとばすことも、日常的におこなった。

女性や子どもには、たたいたり、けったり、などの、暴力をふるうことも珍《めずら》しくなかったのである。

腹《はら》にすえかねた吉之助《きちのすけ》がやってきた。

「悪だくみのおやじ」がここにもいる。代官も代官なら、下っぱの役人も役人である。

こんな毛虫のような者に、好き勝手をさせるのは、かれの正義感が許さなかった。

吉之助は、大きな体でこの役人に歩み寄り、まずはおだやかに語りかけた。

しかし、役人は、

「口だしをするな」

「どこが悪いのだ」

と、えばった態度をみせるだけである。

いかりをこらえ、たえしのんでいた吉之助だが、ついに限度をこえる時がきた。

「こいつめ、そんなに大きな顔をしおって。島の民をいじめるのも、いい加減にしろ」

多くの島民が見守るなかで、吉之助《きちのすけ》は、この悪者《わるもの》をこらしめたのだ。げんこつでやっつけた、という伝えも島にはある。

吉之助が薩摩《さつま》の悪い役人をこらしめた話は、ほかにもいくつかある。あるいは、吉之助にたくして、日ごろの怒《いか》りをあらわにさせた、島民の心情もあったのだろう。

島民をいじめる役人をこらしめた話は、どこまでがほんとうかはわからない。ただ、吉之助の正義感と、青年期に養った民衆《みんしゅう》を守る立場を考えれば、ありえた出来事だといえる。なにより、かれの人間性をしたう島の人びとの思いが、多くの「西《さい》郷《ごう》義人伝説」*1を生んだのは確かだ。

とはいえ、現地の役人をこらしめたくらいで、薩摩藩《はん》のやり方ぜんたいが改まるはずはないのは、吉之助自身にもわかっていた。

それもあって、かれは、遠島《えんとう》*2をへて、帰国した元治《げんじ》元年（一八六四）三月初め、藩庁《はんちょう》に意見書を提出している。

そのなかで、

「砂糖《さとう》を納《おさ》めさせる現在の方法は、役人のごまかしや、わがまま勝手なふるまいを生む」

と指摘《してき》し、

「民衆を苦しめる原因になっている」

と主張する。そして、代官をはじめとした島役人を選ぶ場合には、人間性を重視《じゅうし》して、

「悪だくみをしそうな性格の人物は、除《のぞ》かないといけない」

と提案している。

さらに、次のように書いて、吉之助は注意をうながしている。

「いまのままでは、島民は、薩摩藩にうらみをもち続けるだろう。そんなとき、もし、外国人が島に来たらどうなるか。たとえいつわりであったとしても、その外国人が島民になさけをかけることになれば、きっと島民は、かれらについていってしまうだろう」

＊1 正義のために、自分の利害をかえりみずに行動する人。　＊2 島流しの刑《けい》

実際、外国船が日本の近海にあらわれ、東アジアに植民地をふやしている時代である。危機感《ききかん》をじょうずに伝えることで、吉之助《きちのすけ》は、藩庁《はんちょう》を動かそうとしていた。たんに正義感が強いばかりではない。考えぬかれた説得法がここにある。

吉之助が、すぐれた指導者として、幕末維新《ばくまついしん》の世に大活躍《かつやく》するのは、幅広《はばひろ》くものを見て、深く考えをめぐらしたうえで、よりふさわしい表現方法で、相手を説得し動かす面があったからだった。

九、鹿児島《かごしま》へ帰る

文久二年（一八六二）は、明治維新で世の中が大きく変わる、わずか六年前にあたる。

年初の一月一四日、かつて吉之助が上陸した阿丹崎《あざんざき》から、一そうの和船が出帆《しゅっぱん》した。

乗っている者のなかに、西郷《さいごう》吉之助の姿《すがた》がある。流人あつかいがとかれて、ふるさとの鹿児島へ帰ることになったのだ。

奄美大島《あまみ》と鹿児島港のあいだは、風さえよければ、まる一日の船旅ですむ距離《きょり》だった。天候にめぐまれ、海流がおだやかなら、いっそうの海路日和《びより》となる。船足《ふなあし》は快いほど早い。

しかし、そういう日はめずらしかった。季節風はたびたび荒《あ》れ、船の運航をさえぎる。航路にはいくつもの難所《なんしょ》ができ、風が逆向きになったり、海流も渦《うず》まいたりで、そのたびに船は波にほんろうされ、すすまなくなる。

吉之助を乗せた船も、大海に出てまもなく、逆風を受け、あっけなく吹《ふ》きもどされた。別の港に一度たどり着き、阿丹崎へもどるのは一八日だった。

「たいがいは、こんなものです」

長老の船乗りは、客の一行にそう言った。島の言葉そのままだと、

「テーゲーカー、シュンダリヨスカ」

と語ったことになる。

実際、こうした失敗はしょっちゅうだった。鹿児島へ向かう海の道には、たとえば七島灘《ななとうなだ》といった名前の、船が遭難《そうなん》しやすい場所がいくつもあった。もとより安全

な海ではない。無理はできない。

港で次の機会をじっと待つ。とにもかくにも、風の機嫌《きげん》しだい、海のようすしだいなのだ。

南の海をよく知り、船をじょうずにあやつる者たちは、よい風がきて、ふたたび出発できる機会をさぐる。

そのため、桟橋《さんばし》に立ち、雲の流れを見つめる。しかし、

「まだだ」

と言うかのように、いつも首はふられた。

吉之助《きちのすけ》は、待合の小屋のなかで座《す》わり、じっとしていた。

大きな瞳《ひとみ》から発せられる光は、やわらかいものであったけれども、ときにして鋭《するど》くなった。それは確かにサムライの目つきだった。

とはいえ吉之助は、考えこむようにして、目を閉《と》じていることが多かった。

かれは自身の運命について、深く思いをめぐらしていたのである。

(サムライとして生まれたからには、生死をかけた、たたかいの日も来るだろう)

かれの目は、海のずっと向こうを見つめていた。きのうまでの平穏《へいおん》なくらしとは、

まったく逆の、危険《きけん》と背中合《せなかあ》わせで過ごす日々《ひび》の到来《とうらい》を感じながら。

(一度は死にかけたこともある自分だ。大仕事《おおしごと》ができる機会を与《あた》えられたのなら、思いきってやるしかない)

吉之助は、みずからに、そう言い聞かせていた。

このときかれは満三四歳《さい》。国もとでは、若《わか》い改革派《かいかくは》のサムライたちのあいだで、兄貴格《あにきかく》の存在《そんざい》だった。かれの一日も早い帰還《きかん》を、薩摩藩《さつまはん》の多くの武士が待ちのぞんでいた。

そのことは痛《いた》いほどわかっている。

ただし吉之助は、船乗りたちに出帆《しゅっぱん》を急ぐ口だしはしなかった。むしろ、まわりの緊張《きんちょう》をとくつもりで、ときどき、ほほえみを見せることさえあった。

それは、小さいころから吉之助にあった、他人への気づかいだった。

吉之助が阿丹崎《あざんざき》の港を出発しようとした時から、ちょうど二〇年前、中国大陸を治めていた清《シン》は、イギリスとのたたかい(アヘン戦争)に敗れた。その結果、国の一部(香港《ホンコン》)をイギリスにゆずり、不平等な国際条約を結ばされた。

欧米諸国《おうべいしょこく》の、次の目標は日本である。

危機《きき》に立ち向かうためには、国じゅうが一致《いっち》して、力を合わせなければならない。しかし、幕府《ばくふ》の政治は混乱《こんらん》し、みんなをまとめられなかった。それどころか、たくさんあった藩《はん》どうしが、対立するありさまである。

このさい、京都の皇室《こうしつ》ともうまく協調しながら、政治を立て直さないといけない。こうした考えを背景《はいけい》に、薩摩《さつま》藩の新藩主《はんしゅ》の父・島津久光《しまづひさみつ》は、軍をひきいて京都へ向かおうと決意した。藩の力をもって、政治のあり方を改めようとしたのだ。

久光にしたがい、多くの薩摩武士が動く。

戦闘《せんとう》集団であるサムライたちを現地でまとめられるだけの、力量ある人間が、どうしても必要だった。とりわけ、若《わか》い武士たちに信頼《しんらい》される人物が求められた。

そうしたとき、薩摩藩の若き改革派《かいかくは》のサムライたちは、みなひとりの男の名を口にした。

「うどさあを、呼《よ》び戻《もど》そう」

吉之助《きちのすけ》の登場を望んだのだ。

長く遠島《えんとう》あつかいの身とされていた男を、いまこそ国もとへ帰すべきだ。そして、政治に参加させよう、と。

要望は強まり、ついに久光を動かすことになる。

召喚状《しょうかんじょう》*の到着《とうちゃく》は、阿丹崎《あざんざき》からの出帆《しゅっぱん》前年、文久元年の一一月二一日のことだった。島の人になりきった心境の吉之助は、仲間の必死の運動が実ったことに驚《おどろ》き、身を引きしめて、これに応じる。

(愛加那《あいかな》や子どもたち家族と別れるのは、つらい。しかし、サムライとしての役目を考えれば、みんなには、納得《なっとく》してもらうしかない)

吉之助は家族に別れを告げ、島の役人や世話になった島の友人たちに、あいさつをすませる。したくを整えると、さっそく阿丹崎の港へ向かうのだった。

吉之助が島へやって来て、すでに三年の年月がたっていた。

幕末《ばくまつ》の世は変化がはげしい。

三年の間にも、日本史のドラマは続き、時代がめまぐるしく動いていた。

安政《あんせい》の大獄《たいごく》を実行し、月照《げっしょう》、橋本左内《はしもとさない》といった、吉之助と一緒《いっしょ》に活動した者たち

*帰藩せよという書状。

を弾圧《だんあつ》した井伊直弼《いいなおすけ》が、江戸《えど》の桜田門のところで暗殺された「桜田門外の変」も、この間に起きている。

吉之助《きちのすけ》たち改革派《かいかくは》の活躍《かつやく》できる時代が、ふたたびめぐってきていたのである。

阿丹崎《あざんざき》の港で、風のようすをさぐっていた長老が、ようやく、

「よし、行くとするか」

と言った。船が吹き戻《ふもど》されてから一一日後の、一月二九日である。

船は帆《ほ》をあげ、改めて出港していく。

南国とはいえ、一月末から二月のはじめは、かなり寒い。春一番を意味する「はんかぜ」はまだ早かった。

海上はなおさら寒気がきびしい。船上の人となった吉之助は、ひりつくような寒風に吹かれながら、海の向こうをじっとながめていた。

やがて、鹿児島湾《かごしまわん》にある火山・桜島が見え、大きくなってくる。なつかしい山の姿《すがた》であった。

国もとへついたのは二月一二日。奄美《あまみ》大島を再出発して、二週間の船旅だった。

吉之助はふたたび、鹿児島の地をふみしめた。

十、思わぬ窮地《きゅうち》

帰ってきた吉之助は、まもなく、

「島津《しまづ》久光《ひさみつ》の出発に先んじて、北九州の志士《しし》たちの動きを視察《しさつ》しながら、下関《しものせき》へ向かうように」

との命令を受けた。

ひさしぶりのふるさとだが、のんびりできる時間はない。さっそくかれは、薩摩《さつま》武士の村田《むらた》新八《しんぱち》とともに、鹿児島を出発する。三月一三日のことだった。

下関についた吉之助は、知り合いだった志士たちと再会するが、このとき、かれらから驚《おどろ》くべき計画を耳にした。

「久光公の京都入りにともなって、尊王攘夷《そんのうじょうい》の過激派《かげきは》の一部が、京都に結集して、兵をあげる」

という情報である。

志士《しし》の過激派《かげきは》は、この機会をつかんで、久光《ひさみつ》がひきいる薩摩《さつま》の軍勢を、幕府《ばくふ》をたおす力に変えてしまおう、とくわだてていた。

これは久光の上洛《じょうらく》目的とはまったく異《こと》なる。

幕府をたおすつもりは、久光にはない。

「うかうかしてはいられない。いますぐ都へあがり、過激派を説得して、行動を思いとどまらせよう」

吉之助《きちのすけ》は、そう決断し、実行にうつした。

三月二二日の夜、かれは、村田新八《むらたしんぱち》らをともなって、船で下関を出発する。二七日の昼に大坂へ到着《とうちゃく》。吉之助一行は、そこから急ぎ、伏見《ふしみ》へと向かう。

薩摩藩《はん》のための行動であった。しかし、こうした吉之助の独自の動きは、「下関で待て」という島津《しまづ》久光の命令を、無視《むし》したことになる。

「いったいどういうことか」

久光は立腹《りっぷく》した。

実は、久光自身に、もとから吉之助ぎらいの感情があった。前の藩主《はんしゅ》・斉彬《なりあきら》に引き立てられた吉之助から、斉彬と自分を比較《ひかく》されるような言い方や態度をされて、不満だったのである。

そのうえ、久光のこうした感情も計算に入れて、

「やつは、過激派をたきつけています。どうやら、過激派の首領をきどっているようです」

と、久光に告げ口をする者があらわれた。

吉之助の復帰を、心のなかでは面白く思っていなかった勢力が薩摩藩の内部にもいた。そのうちの何人かが、かれをおとしいれようと、ざん言*したのだ。

なんと、ざん言をした連中のなかに、かつての仲間もいたのである。

吉之助にかんする悪いうわさを聞いて、久光の反感は頂点《ちょうてん》に達した。

そしてついに、

「西郷《さいごう》吉之助を捕《と》らえよ」

と、きびしく命じることになった。

＊ありもしない事実をつくりあげて、その人を悪く言うこと。

吉之助《きちのすけ》は、誤解《ごかい》をときたいと思い、久光《ひさみつ》に面談をもとめたが、かなわなかった。

このとき、吉之助の身を心配した大久保利通《おおくぼとしみち》が、海岸にかれを呼《よ》び出した。久光の強いいかりを、大久保からくわしく聞いた吉之助は、目の前がまっ暗になった。

「信じてもらえないとは、なんとも残念でならない」

罪人としてつかまるというなら、もはや、運命を引き受けるしかない。

四月一〇日、吉之助は、大久保に送られて大坂に着き、翌日《よくじつ》、いっしょに行動した村田《むらた》らとともに、罪人として鹿児島《かごしま》へ護送される。

六月六日、吉之助に、徳之島《とくのしま》への遠島《えんとう》という処分《しょぶん》がくだる。奄美《あまみ》大島から鹿児島に帰って、四か月もたたないうちに、かれは、またしても南島へと追いやられる身になったのだ。

奄美大島への遠島は、幕府《ばくふ》から身をかくすためであって、現実には、ある程度、不自由のないくらしができた。

しかし、二度めはそうはいかない。

まったくの罪人として、吉之助は、徳之島へ流されることになった。

文久二年（一八六二）七月末、吉之助が徳之島より、奄美大島の木場伝内《こばでんない》に出した手紙には、自分をうらぎって、ざん言までした、かつての仲間へのいきどおりがあふれている。

「精忠組《せいちゅうぐみ》*の者たちは、これまで抑《おさ》えられていたのが、久光公のもとで取り立てられると、調子に乗って、まるで世の中に酔《よ》っているようです」

「かれらは藩《はん》の実状をしっかりつかんでおらず、日本の現実に対しても思慮《しりょ》がたりませんせん。幕府がどうなっていくか理解がとどかず、他の藩の事情となると、さらにわきまえない連中です。実にこわいもの知らずで、これでは、しまつにおえません」

久光の取り立てで、藩の政治に力をふるうようになった精忠組に対して、つきはなした見かたをしている。

盟友《めいゆう》といえた大久保利通との仲にも、どことなくすきま風が吹《ふ》いているようすは、

「大久保は助かったようだが、今はどうなっているのか。はて、さっぱりわからずです」

*吉之助《きちのすけ》もそのひとりだった、改革派《かいかくは》の若《わか》いサムライのグループ。

との書き方で伝わってくる。

文久三年三月二一日付、得藤長《とくふじなが》あての手紙でも、

「人間というのはたのみにならないと、今回の出来事で、はじめて思いいたりました。おなじ考えでずっとやってきた、と思っていた仲間が、置かれた立場が変わると、私《わたし》の〝ぼろくど〟に食いついたようで、あきれ果てています」

そう書いて、仲間の裏切《うらぎ》りを前に、吉之助《きちのすけ》は、痛烈《つうれつ》な人間不信の言葉をはいている。

「ぼろくど」とは頭《ず》がい骨《こつ》で、そこに食いついたとは、裏切りに対するすさまじい表現であって、かれのいかりと、不信の深さを感じさせる。

西郷《さいごう》吉之助に、ふたたび逆境のときがやってきた。

本物の罪人として流されていく先には、いったいなにが、待っているのだろうか。

ご愛読ありがとうございます

読者カード

●ご意見、ご感想、イラスト等、ご自由にお書きください。

●お読みいただいた本のタイトル

●この本をどこでお知りになりましたか？

●この本をどこの書店でお買い求めになりましたか？

●この本をお買い求めになった理由を教えて下さい

●年齢　　　歳　　　　●性別　男・女

●ご職業　1. 学生（大・高・中・小・その他）　2. 会社員　3. 公務員　4. 教員
5. 会社経営　6. 自営業　7. 主婦　8. その他（　　　　）

●ご感想を広告等、書籍のＰＲに使わせていただいてもよろしいでしょうか？
（実名で可・匿名で可・不可）

ご協力ありがとうございました。今後の参考にさせていただきます。
ご記入いただいた個人情報は、お問い合わせへのご返事、新刊のご案内送付等以外の目的には使用いたしません。

郵便はがき

おそれいり
ますが切手
をおはりく
ださい。

103-0001

〈受取人〉

東京都中央区日本橋小伝馬町9-10

株式会社 理論社

読者カード係 行

お名前（フリガナ）

ご住所 〒 TEL

e-mail

書籍はお近くの書店様にご注文ください。または、理論社営業局にお電話ください。

代表・営業局：tel 03-6264-8890 fax 03-6264-8892

理論社

http://www.rironsha.com

第二部

明治維《い》新《しん》

一、家族との再会

「これまでとは、だいぶちがうお方だ」

やってきた吉之助《きちのすけ》と会って、徳之島《とくのしま》の役人・琉仲為《りゅうなかため》は、そう思った。

徳之島は鹿児島《かごしま》からは三〇〇キロの南海にある。もともと琉球《りゅうきゅう》王国*の一部だったが、慶長《けいちょう》一四年（一六〇九）より、薩摩藩《さつまはん》の領地となった。

薩摩の役人が支配するのは奄美《あまみ》大島と同じで、砂糖《さとう》の生産で、島民がきびしいあつかいを受けているのも変わらない。

そしてこの島でも、島流しとなりやってくるサムライは、むやみにいばり、島民に対してけわしい態度をしめす。それは、不安を、かくすためでもあった。

流罪にあった者を何人も見続けた琉仲為《りゅうなかため》は、こんどの男も、おなじにちがいないと思っていた。

ところが、目にしたサムライは、そうではない。体は大きく、動作は多少にぶい。印象的な「うどめ」はやわらかい光を宿し、ぜんたいに親切な雰囲気《ふんいき》がある。

なにより、かれは礼儀《れいぎ》正しかった。

「万事お世話になりますが、よろしくおたのみいたします」

サムライは、そう語りかけてきた。えらぶるようすがない、その純朴《じゅんぼく》な態度に、仲為はすっかり好意をもち、

「ご用があったら、遠慮《えんりょ》なくおっしゃってください」

と、笑みを返すように返事した。

徳之島に上陸したばかりの吉之助について、その心境がわかる手紙が残っている。奄美大島時代に世話になった木場伝内《こばでんない》あてのものだ。

島の生活について、

「静かな田舎にいて、かえってしあわせです」

と書くとともに、吉之助は、

「世の中は、どんな薬でも治せない状態だと見ています。そうしたなか、鹿児島へ帰ることは二度と望んでいないので、私《わたし》のことは、ふるさとでも話題にしないでく

＊いまの沖縄《おきなわ》。

ださい」

と、伝えてきている。当時の世を病人にたとえて、社会の混乱《こんらん》を収《おさ》める方策《ほうさく》などない、というのだ。

そうはいっても、吉之助《きちのすけ》が、日本の動きにまったく関心を失ったわけではないのは、おなじ手紙のなかで、

「三年から五年のうちに、大きな乱《らん》が起こるでしょう」

との予測を、示していることでもわかる。

明治維新《いしん》が起きて幕府《ばくふ》がほろぶのは、それからちょうど五年後である。

吉之助が徳之島《とくのしま》にいたのは文久二年（一八六二）の夏の二か月あまりで、短い期間だった。

かれを信頼《しんらい》した琉仲為《りゅうなかため》は、その間、生活をなにかと助ける。自分の息子に身の回りの雑用をおこなわせた。かわりに吉之助は、この息子に読み書きを教えている。

吉之助が徳之島からさらに沖永良部島《おきのえらぶじま》へ流されるときは、息子に命じて、船が出る井之川《いのかわ》の港まで丁重《ていちょう》に見おくらせた。

徳之島は短い滞在《たいざい》期間だったが、吉之助はほかにも、現地の人間に、心の通じあった友を得た。

井之川の港でかれをあずかった現地の役人・禎用喜《ていようき》である。

わけへだてなく誰《だれ》に対しても思いやりがあり、まじめに接する吉之助の人柄《ひとがら》に、禎用喜も仲為《なかため》と同じように、好感をもち、たちまち親しく交わるようになった。

井之川での滞在は少ない日数のはずだったが、吉之助を十分に休息させるため、禎用喜は、船の準備をわざと遅《おく》らせたりもした。お礼の気持ちからか、かれは禎用喜に魚つりのうまいやり方を教えている。

吉之助が流罪人として、鹿児島《かごしま》からさらに遠い沖永良部島へと去ったのちも、禎用喜はかれに手紙を出して、鹿児島の情報を伝えるとともに、イノシシの肉を贈《おく》るなどしている。めずらしい食べ物をもらって、吉之助もたいそう喜び、

「遠く海をへだてての、親切な心づかい」

と、手紙でお礼を伝えている。

また、徳之島ではうれしい出来事があった。

奄美《あまみ》大島にいた妻・愛加那《あいかな》が、子どもをつれて海をわたり、会いに来たのだ。両

方の島の役人が、ともに吉之助《きちのすけ》をおもいやったことから、実現した。

吉之助が奄美《あまみ》大島を出るときは、まだおなかにいた、二人めの子どもを、愛加那《あいかな》は抱《だ》いていた。

「女の子です」

愛加那はにっこりしながら、おさな子を吉之助にさしだした。かれは「うどめ」を見ひらいて、わが子に対面した。

父・吉之助は、家族水入らずのひとときを、心から楽しんだ。

「自分は流罪人の身ですが、なんにしても、おさな子の誕生《たんじょう》はお祝いしたいことです」

と、うれしそうに、木場伝内《こばでんない》あての手紙に書き伝えている。

なお、おさな子二人は、のちに長男・菊次郎《きくじろう》が京都市長となり、長女・菊草《きくそう》は大山誠之助《せいのすけ》（大山巌《いわお》の弟）の妻になった。

二、沖永良部島《おきのえらぶじま》

徳之島《とくのしま》の吉之助に対して、さらに遠方、沖《おき》のはてにある沖永良部島へとうつす命令が、藩《はん》から下された。かれは井之川《いのかわ》より船で出発し、その日のうちに沖永良部島へ到着《とうちゃく》する。

季節は夏の終わりだった。

奄美大島行きのさいは、幕府《ばくふ》の追及《ついきゅう》から身をかくす目的もあり、薩摩《さつま》藩の一定の保護のもと、島では比較的《ひかくてき》自由に行動ができた。

それに引きかえ、二度目の遠島《えんとう》は、明白な罪人あつかいである。一時的に滞在《たいざい》した徳之島でも、二人の番人に見張られる身だった。沖永良部島へ護送されるときは、船のなかにつくられた牢《ろう》に入れられている。刀は外《はず》され、上陸したのちも、牢屋《ろうや》で過ごさねばならなかった。

沖永良部島の海岸には、アダンやガジュマルが茂《しげ》っていた。南国によく見られる風景だが、植物はとりわけ勢いよくしげり、奄美大島や徳之島よりさらに南方の感がある。周囲はサンゴの海が広がっている。

吉之助《きちのすけ》は、(鹿児島《かごしま》から、ずいぶん南まで来たものよ)との思いを強くしたはずだ。

牢屋《ろうや》は太平洋側の和泊《わどまり》にあった。野外に急いでつくられたもので、二坪《つぼ》*ほどのせまさのうえ、壁《かべ》がなく、木材をタテとヨコに組んで周囲を取り囲んだだけの粗末《そまつ》なものであった。

当然ながら、暑さも寒さもふせげず、それどころか、四つの面からは、雨や風がようしゃなく吹《ふ》き込《こ》んでくる。

片《かた》すみに小さな厠《かわや》があり、さすがにそこは板一枚《まい》で区切られていた。それでも、むし暑い日が続くと、すごいにおいで牢屋のなかはいっぱいになる。

「これでは、動物の檻《おり》と同じではないか」

吉之助は罪人として過ごす身を思い知らされた。

食事は牢屋の番人が毎朝ごはんを炊《た》いた。しかし、昼と夜はその残飯に熱湯をかけたもので、おかずはごくわずかの品しかない。それ以外は間食もなく、水も満足に与《あた》えられなかった。

それでも、かれは不平をいわなかった。

「牢《ろう》の荒《あら》い畳《たたみ》のうえに正座《せいざ》して、なにかをじっと考えているようすでした」

と、吉之助の世話をした島の役人・土《つち》持政照《もちまさてる》は伝えている。

日がたつにつれて、吉之助はしだいにやせおとろえてくる。かみの毛はぼうぼうとなり、衣服はよごれ、栄養不良のようすがはっきりしてきた。

囚人《しゅうじん》を監督《かんとく》する役目をになった土持は、

「こんどのサムライは、あんなひどいなかでも、立派《りっぱ》にふるまっているな」

と、同情をこえて、敬意《けいい》の念をいだく

＊たたみ四畳《じょう》、約六・六平方メートル。

ようになった。

やがて冬がめぐってきた。

南島ではあっても、吹《ふ》きさらしの牢屋《ろうや》は寒い。土持《つちもち》は火鉢《ひばち》をとどけ、あたたまるようにすすめた。

「かたじけない」

吉之助《きちのすけ》は遠慮《えんりょ》がちにこれを使った。

囚人《しゅうじん》と番人の立場をこえた、ふたりの交流がはじまった。

それが深まるなかで、土持は、ついにある計画を実行にうつした。

「建物のぐあいがわるくなってきたので、このさい、牢《ろう》の工事をしたい」

と、在番所《ざいばんしょ》に働きかけたのだ。

工事の間は、吉之助を一時、牢の外で過ごさせることができる。土持は吉之助の健康回復を願って、わざと工事を長びかせることもした。

吉之助はそれに恩を感じる。

新しい牢ができあがった。以前の牢より広い。外からの風雨は防がれるつくりとなり、衛生のうえですっかり改善《かいぜん》された。

土持はほかにも、入浴の回数をふやすなどをして、吉之助の世話にこまかくつとめた。土持の母・ツルも吉之助の人柄《ひとがら》を好んで、いっしょに親切をつくした。やせおとろえて満足に歩けなくなった吉之助だが、土持母子の努力の結果、もとの体へと回復してくる。やがて、入浴後に、

「すもうをとろう」

と、言いだすほどになった。

元気をとりもどした吉之助は、いまここで学問をあらためておさめようと、熱心に読書をした。

またかれは、牢のなかで、詩をつくることと習字に取りくみ、熱中した

土持はうち解けてくると、焼酎《しょうちゅう》を片手《かたて》に、吉之助を訪《たず》ねることもあった。吉之助は、

「牢屋にいる身ですから」

と、いちおうは断った。それでも、土持の好意をうけて、かれは盃《さかずき》に口をつけた。

少量ですっかり機嫌《きげん》をよくした吉之助は、お盆《ぼん》をたたきながら、歌をうたった。

牢のなかで、ひたすら学問にはげむサムライに、島民も尊敬《そんけい》の気持をもつように

なった。

和泊《わどまり》村付近の島民は、児童を吉之助《きちのすけ》のもとにおくって、教育をしてもらうことにした。

子どもたちは、牢《ろう》のなかで教えをうけたのである。

授業内容は、『孟子《もうし》』や『論語《ろんご》』といった漢文古典の素読《そどく》（声に出して読むこと）が朝から昼まであり、夜はその内容について、吉之助が話をする。授業は評判となり、学ぶ児童の数はしだいにふえ、最終的に二〇名にも達している。


沖永良部島《おきのえらぶじま》で吉之助は、囚人《しゅうじん》の身でありながら、島のようすをよく観察し、「飢饉《ききん》へのそなえとして、村々《むらむら》に穀物《こくもつ》の倉庫を設立するとよい」

という意見を土持《つちもち》に示している。倉庫に備蓄米《びちくまい》*があれば、

「食べ物を満足に得ることができず、生活に困《こま》っている人びとを、救うことができる」

と、かれは説いた。島の人びとの暮《く》らしぶりを、よく知ったうえでの意見だった。

土持はかれの教えをもとに、実際、役所に提案もしている。

沖永良部島時代の吉之助は、島役人のありかたをこう述べている。

「島民みんなが、それぞれの仕事をとどこおりなくできるようにして、また、みのりの悪い年が来ないように気をつける。さらには、代官（長官）の命令でも、人びとが苦しむことがわかっていれば、代官にやめてもらうよう努力する」

「孤独《こどく》である者をあわれみ、苦難《くなん》のなかにいる者にめぐみをおこなう。よいおこないをした者をほめて大切にし、人びとがおたがい同情しあうようにもっていく」

ここには、西郷《さいごう》吉之助が身につけた「敬天愛人《けいてんあいじん》」の考え――天（正しいおこないを示すもの）を尊《とうと》び、民衆《みんしゅう》を愛する――があらわれている。

これを身につけたがゆえに、吉之助は、多くの人びとの期待を集め、多くにしたわれる、すぐれたリーダーとなりえたのだ。

その考えは、吉之助の人生でもっともつらく苦しい、沖永良部島の囚人時代に、大きく育ったのである。

＊万が一のときのため、蓄《たくわ》えておく米。

吉之助《きちのすけ》の沖永良部島《おきのえらぶじま》時代、幕末《ばくまつ》の歴史ははげしく動いていた。

ふるさとの薩摩藩《さつまはん》は、ついにイギリスとの戦争を起こした。薩英戦争《さつえい》（文久三年七月）である。

「たいへんなことになった。こうしてはおれない。」

吉之助はサムライとして、たたかいに参加したいと強く願った。そのために、土持《つちもち》の協力を得て、島を脱出《だっしゅつ》するための船をつくることさえ計画した。

実際のところ、戦争は両軍ともに大きな損害《そんがい》をだして数日で終わった。当時、世界最強だったイギリス海軍を相手に、薩摩は引き分けにもちこんだ。

このたたかいを通して、薩摩藩とイギリスはおたがいの力をよく知るようになり、以後、かえって親しくなっていく。

薩英戦争とその後の動きについては、琉仲為《りゅうなかため》と禎用喜《ていようき》が、鹿児島《かごしま》の実情を、吉之助にくわしく伝えてきていた。

正確な情報を得て、吉之助は、脱出を思いとどまる。

そのなかで、吉之助を、もう一度呼《よ》びもどす動きが、鹿児島で活発となっていった。

島流しの身となった吉之助への関心は、国のあり方を変えようとする志士《しし》たちの間で、おとろえることがなかった。すでに日本じゅうに、動乱《どうらん》の気配《けはい》が満ち満ちている。

「吉之助はどうしているのか」

志士たちは、あちこちで語っていた。

かれが復活することへの期待は、さまざまな噂《うわさ》を生んでいた。

「長州の高杉晋作《たかすぎしんさく》が、軍艦《ぐんかん》に乗って吉之助を訪《たず》ねた」

「土佐《とさ》の坂本龍馬《りょうま》が、長崎《ながさき》から船に乗り、吉之助の流された島へ向かった」

そういった話が、口から口へと飛びかった。

どれも間違《まちが》った情報だが、それほどまでに、吉之助を待ちのぞむ人びとの気持ちは、日本列島を駆《か》けめぐっていた。

西郷《さいごう》吉之助への期待は、もはや誰《だれ》にも、おさえることはできない。

とほうもない、大きなうねりとなっていたのである。

三、復活

元治《げんじ》元年（一八六四）二月二日のことであった。見なれぬ船が、沖永良部島《おきのえらぶじま》の和泊港《わどまり》にあらわれた。薩摩藩《さつまはん》の船・胡蝶丸《こちょう》である。乗船していたのは薩摩藩士《はんし》の吉井友実《よしいともみ》と西郷信吾《さいごうしんご》（のちの従道《つぐみち》）。ともに吉之助《きちのすけ》を迎《むか》えにきた使者だった。信吾は吉之助の弟で、吉二郎《きちじろう》の下の三弟にあたる。

囚人《しゅうじん》となっている兄を見て、信吾はさすがに驚《おどろ》いたが、気をとりなおして話しかけた。

「兄さん、おひさしぶりです」

吉之助はなつかしい弟の顔を、「うどめ」をさらに大きく開いて見た。

「おう、急にやってきおって」

「みんなが待っています。国もとへお戻《もど》りください」

吉之助のいない幕末《ばくまつ》の日本は、めまぐるしく変化していた。

日本の政治を大転換《てんかん》しようとする勢力は、少数ながら、長州藩を中心に過激《かげき》な行動に走り、幕府《ばくふ》をたおそうとくわだてていた。

一方、より多数を集めたのは、幕府と京都の朝廷《ちょうてい》が一体化して日本を指導する、という方針《ほうしん》だった。薩摩藩はこうした動きをすすめる、大きな力となっていた。

その方針に邪魔《じゃま》だてする長州藩は、一時期、京都から追いだされた。

そして、幕府と朝廷を一体化する考えは、有力な藩の代表も集めて、実力者がいっしょになって政治を運営する動きへとすすむ。

この考えをかたちにしたのが、「元治国是《こくぜ》会議」である。元治元年二月一五日、京都で開かれた。

当時の日本で最高ともいうべきメンバーが集まった。

孝明天皇《こうめいてんのう》が席に着く。

武家の有力者として、最後の徳川将軍《しょうぐん》となる一橋慶喜《ひとつばしよしのぶ》。

越前藩主《えちぜんはんしゅ》・松平慶永《まつだいらよしなが》と宇和島《うわじま》*藩主・伊達宗城《だてしょうじょう》。

そして薩摩の島津久光《しまづひさみつ》がいた。

＊愛媛県《えひめけん》南西部。

ここに朝廷《ちょうてい》の首脳《しゅのう》、朝彦親王《あさひこしんのう》、近衛忠房《このえただふさ》ほかが加わる。武家と公家がはじめて、合同で国のすすめかたを決める。まさに、歴史的な会議になるはずだった。

しかしこの会議は、やってみると、さんざんだった。参加者の意向《いこう》が、てんでんばらばらで、重要なことは何一つ決められない。

会議は失敗に終わった。

「おろかなことだ」

実現に走りまわってきた志士《しし》たちは、みなあきれかえった。

おだやかに国を変えていく方針《ほうしん》は、くりかえし、いろいろなかたちで試みられてきた。それらは、実際におこなってみて、失敗ばかりだったのだ。

「有力者の話しあいではだめだ。まったく新しい政権《せいけん》をつくらないと、日本は立ち直らない」

そういう思いが、ひろがってきた。政治はふくざつな展開《てんかい》をしてくる。

吉之助《きちのすけ》をふたたび、政治のひのき舞台《ぶたい》へとひき戻《もど》す動きは、こうした時代の流れと、かさなっている。

国を変えていくための、よりおだやかな道と、すべて大転換《てんかん》する、もうひとつの道。

両方を考えなくてはいけない時代にさしかかっていた。

西郷《さいごう》吉之助なら、二つのどちらの推進者《すいしんしゃ》とも、うまくやりあえる。

なにより、混乱《こんらん》した政治の世界にあって、人びとをまとめるために、必要とされる人物だった。

とりわけ志士たちが、吉之助の登場をねがっている。

薩摩藩《さつまはん》としても、政治のリーダーシップをにぎっておくために、武士たちをひきいる能力の高い人間を必要とした。

「いまこそ西郷を、島から呼《よ》びもどすのだ」

それは大きな声となってくる。

かたくなに吉之助をゆるそうとしなかった久光《ひさみつ》が、ついに折れた。

沖永良部島《おきのえらぶじま》へ迎《むか》えの船が出るのは、まもなくのことである。

二月二一日に胡蝶《こちょう》丸が着くと、牢屋《ろうや》の吉之助は一年半ぶりに自由の身となった。

幕末史《ばくまつし》の風雲は、吉之助《きちのすけ》の行動を早くした。数時間後の二三日午前一時、かれを乗せた胡蝶《こちょう》丸は、もう出港して、島を離《はな》れている。

奄美《あまみ》大島に立ちより、鹿児島《かごしま》へ到着《とうちゃく》するのは二八日であった。

囚人《しゅうじん》生活が長かった吉之助は、当初、足が不自由で立つのも困難《こんなん》だった。なにより、恩師でもある斉彬《なりあきら》公の墓へ行くが、このときも、はいずりながらの墓まいりだった。

体調は万全《ばんぜん》ではなかったものの、期待されて再登場した吉之助には、ゆっくり休むひまもない。三月四日に、村田新八《むらたしんぱち》をともない、かれは鹿児島を出発する。同郷《どうきょう》の仲間である村田は喜界島《きかいじま》へ遠島《えんとう》になっていたが、吉之助が戻るとき、一緒に連れ戻されたのだ。

一行《いっこう》が京都に着くのは一四日である。

一九日に吉之助は、薩摩藩《さつまはん》の軍賦役《ぐんぶやく》（軍司令官）となった。入れかわるように久光《ひさみつ》が京都を去る。あとのことは吉之助にたくされた。

「うどめの男が、ここにいる」

「あの西郷《さいごう》どんが、もどってきた」

復活の情報は、たちまちにして、京都の町をかけめぐった。

再登場したかれは、あっという間に、中央政治の舞台《ぶたい》へと押《お》しだされた。

復活まもない時期、吉之助は、昔の知りあいだった志士《しし》たちと、さかんに面談していたことが、仲間への手紙からわかる。

「ずっと南島で囚人だったのが、こうして再びあらわれたので、みんなに、気持ちわるがられました」

「なにか変わったことを、やらかすのではないかと、心配する向きがあるけれど、自分はこれまでも、ずっとおとなしくしていただけですよ」

「もっとも、おとなしくするのを、あまりやりすぎて、藩は、私《わたし》へのご機嫌《きげん》とりを、しはじめました。たびたび、くらいが昇進《しょうしん》するのは、かえってしっくりきません」

このように、吉之助はユーモラスに、復活したばかりの自分について書いている。

苦境の五年をへても、以前と変わらない、おうようで心の大きな吉之助に、志士たちは、すっかり安心した。

四、長州藩《はん》とのたたかい

吉之助《きちのすけ》が復活して、京都でリーダーとなった元治《げんじ》元年は、後半から政治の動きが活発になる。

きっかけは六月五日の池田屋事件だった。

前年八月の政変で京都から追いだされた長州藩は、勢力をばん回する機会をうかがっていた。

元治国是《こくぜ》会議が失敗すると、朝廷《ちょうてい》と幕府《ばくふ》を一体化させる路線の後退であると見て、「長州藩の力を京都でふたたび盛《も》りあげよう」と考えたのだ。

こうした動きに反対する新撰組《しんせんぐみ》が、池田屋で会合をひらいていた長州系《けい》のサムライを襲《おそ》ったのが、事件のいきさつである。

これを弾圧《だんあつ》ととらえた長州藩は、藩兵を動かす。

まず大坂にいた藩の兵士が、京都へと向かい、国もとの長州からも出兵がはじまる。早くも六月末には、京都を西南から包囲するように、軍勢を集結させた。

このとき西郷吉之助《さいごうきちのすけ》は、京都を落ちついた状態にたもつのが、自分の役割《やくわり》だと思っていた。長州藩が勝手にふるまうことを、許すわけにはいかない。

「京都の町を守らねば」

そう考えた吉之助は、急ぎ薩摩《さつま》の国もとへ、藩兵を送るよう求めた。ようすをつかんで、「戦争になる」とわかれば、かれの行動は早い。

薩摩から精鋭《せいえい》部隊が京都へ送り込《こ》まれたのは、七月一六日だった。一方、

「しりぞいてほしい」

という求めに、長州兵はあくまで応じない。

強引な長州のやり方に、吉之助はいきどおりをつよめた。

かれはついに決断した。京都にいた幕府がわの考えがまとまらないなか、

「長州を討《う》つべきだ」と、はっきり主張する。

吉之助を中心にした薩摩が、態度をはっきりさせたことで、流れは決まった。

七月一九日。長州藩兵と、京都を守る軍勢が、本格的にいくさをはじめる。激戦《げきせん》地の名をとって、禁門《きんもん》戦争という。

吉之助ひきいる薩摩藩兵は、烏丸《からすま》通りから進軍する。

すでに蛤御門《はまぐりごもん》のところで、幕府《ばくふ》がわである会津藩《あいづはん》・桑名《くわな》藩の兵と、長州藩の兵が、はげしいたたかいをおこなっていた。

長州の勢いが強く、会津・桑名は押《お》されぎみである。

そこに吉之助《きちのすけ》ひきいる薩摩《さつま》藩の精鋭《せいえい》部隊が、応援《おうえん》のためにやってきた。

「すすめ！」

吉之助が号令すると、薩摩兵は側面から長州兵に激突《げきとつ》し、これをさんざんに破る。

蛤御門のたたかいは、禁門《きんもん》戦争ぜんたいの勝敗を決するほどの戦闘《せんとう》だった。それに大きな役割《やくわり》を果たしたのが、吉之助がひきいる薩摩兵である。

勝利のあと、七月二〇日に吉之助は、鹿児島《かごしま》の大久保利通《おおくぼとしみち》へ向けて、たたかいの報告をするとともに、

「このたびの戦争で、薩摩の兵器は、たいへん威力《いりょく》があると多くを驚《おどろ》かせました」

と、誇《ほこ》らしげに書いている。

なお、このたたかいを指揮《しき》した吉之助は、流れ弾《だま》に当たり、足をけがした。

「長州から続けざまに撃《う》たれ、キズを負いましたが、心配はありません。少しもひるまず、相手に撃ち込《こ》みました」

大久保への手紙で、そう書き伝えてもいる。

禁門戦争のあと、吉之助は、長州兵が天龍寺《てんりゅうじ》にたくわえていた米を没収《ぼっしゅう》して、火災で被害《ひがい》にあった京都の民に分け与《あた》えた。

禁門戦争に負けて京都から逃《に》げ去った長州藩に対して、勝利したほうの幕府側では、

「このさい、長州藩の領土へ軍をすすめて、かれらを討伐《とうばつ》せよ」

との考えが、さかんに唱えられるようになる。

長州への敵対感情の強さは、西郷《さいごう》吉之助も同じだった。

「にくむべきところ、はなはだしい連中です」

と、福井藩士《ふくいはんし》に出した手紙で書いている。

一方、国もとへ逃げ帰った長州勢には、別の危機《きき》が迫《せま》っていた。

自らの領土で、外国と交戦することになったのだ。

八月五日、イギリス・フランス・オランダ・アメリカの欧米《おうべい》四か国の連合艦隊《かんたい》が、下関を攻撃《こうげき》してくる。前年五月に長州藩は、外国船を打ちはらうとして、下関海峡《かいきょう》

を通過するアメリカの商船に砲撃《ほうげき》を加えた。

四か国艦隊《かんたい》の下関攻撃《こうげき》は、このときの報復だった。馬関《ばかん》戦争ともいわれている。

戦闘《せんとう》は四日で終わり、長州は、砲台《ほうだい》をほとんど破壊《はかい》されて完敗した。

弱った長州へ、こんどは幕府《ばくふ》軍が襲《おそ》いかかろうとしていた。

幕府軍といっても、西国を中心とした諸藩《しょはん》の連合軍で、事実上の最高指導者は参《さん》謀《ぼう》職の西郷吉之助《さいごうきちのすけ》である。

九月一九日、吉之助は広島まで軍勢をすすめ、長州への攻撃準備にとりかかる。

五、薩長同盟《さっちょうどうめい》

その吉之助が、みずから方針《ほうしん》の手直しに取りかかる。やがて、

「長州藩に対しては、寛大《かんだい》な処分《しょぶん》でのぞむ」

と、考えを一八〇度変えたのである。

吉之助の変化は一〇月にははっきりとあらわれている。

なにがあったのか。

重要なきっかけとして、幕府の実情をよく知る勝海舟《かつかいしゅう》と会見したことが、あげられる。

勝は徳川将軍《しょうぐん》に直接つかえる「幕臣《ばくしん》」だった。吉之助がその勝と会うのは九月一五日のことである。

外国船対策《たいさく》について、意見を聞くためであった。

このとき吉之助は、長州へのいかりとともに、幕府にも不満をいだいていた。

「幕府は、薩摩《さつま》にうたがいの目をもっており、薩摩の力をそごうとたくらんでいるのではないか」

そう思っていた吉之助は、幕臣の勝《かつ》に、最初、きびしい態度でのぞもうとした。

それは大久保利通《おおくぼとしみち》への手紙のなかに、

「この男を、打ちたたくつもりだった」

と、書いていることからもわかる。

しかし、ハラをわって話していくうちに、勝の考えに一目《いちもく》を置くようになる。

「まずはよく話を聞いてみよう」

という、おおらかな心が、かれにめばえた。

勝《かつ》も吉之助《きちのすけ》の大物ぶりに驚《おどろ》いた。当時の印象として、

「西郷《さいごう》に面会したら、その意見や考えは、自分のほうがまさっていたが、本当に天下の大事を実行するのは、西郷のような人物ではないかと、ひそかにおそれたものだ」

と書いている。

勝は吉之助にあったのち、幕府《ばくふ》の幹部に、

「あの男がどう出るか、注意しておいたほうがいい」

と、進言[*1]もしている。

吉之助も勝の人物と、世の中の流れについての見方に、敬意《けいい》をもった。

「これほどの智略《ちりゃく》[*2]がある人もいない。英雄《えいゆう》といってもよい」

と、大久保《おおくぼ》への手紙に書いている。

長州問題に対する吉之助の方針《ほうしん》切りかえは、勝海舟《かつかいしゅう》と意見交換《こうかん》したことに加えて、日本がおかれている現状を、広い目でながめた結果であった。

外国人は馬関《ばかん》戦争に勝ち、さらに、瀬戸内海《せとないかい》を通って大坂湾まで来航する勢いに

あった。

大坂湾といえば、天皇《てんのう》がいて朝廷《ちょうてい》がある京都にも近い。

「外国船がさかんにやってきて、武力で威圧《いあつ》してくる時代だ。日本人どうしで争っている場合ではない」

そうした判断が、吉之助のなかで大きくなる。

ついには、長州のあつかいをおだやかなものにすると、考えがすすんでいった。幕府軍の指導者であったが、相手の長州とは、

「たたかわずして、争いを終わらせる方向にまとめよう」

と、かれは決心した。

そうなると行動は早い。みずから長州へ出向き、指導者の吉川堅物《きっかわけんもつ》と交渉《こうしょう》をする。そして、長州藩《はん》の三人の家老《かろう》*3が責任をとることで、争いごとを終わらせたのだ。

＊1 上位の者に意見を申しのべること。　＊2 知恵《ちえ》をはたらかせる力。

＊3 藩主《はんしゅ》を助けて藩《はん》の政治をおこなう重要な役職。

翌慶応元年《よくけいおう》（一八六五）は、明治維新《いしん》の三年前にあたる。

年初の一月一五日、満三七歳《さい》の吉之助《きちのすけ》は、ふるさと鹿児島《かごしま》へ帰る。京都での活躍《かつやく》がみとめられて、大歓迎《かんげい》された。藩主《はんしゅ》の父子も満足であった。

帰国まもない二八日に、かれは薩摩藩《さつまはん》の家老《かろう》の娘《むすめ》・糸子《いとこ》と結婚《けっこん》する。奄美《あまみ》大島の愛加那《あいかな》はあくまで島での妻で、正式な結婚はこのときとなる。当時は、そうしたあり方が、サムライの間では普通《ふつう》のことであった。

結婚したといっても、薩摩藩を支える人物となった吉之助に、家でゆっくり過ごす時間はない。二月二日にはもう、鹿児島を出発している。各地をへて、三月一一日に京都へついた。

一方、「たたかわずして終わらせた」長州討伐《とうばつ》の結果に、幕府《ばくふ》は不満をもっていた。四月一九日、将軍家茂《しょうぐんいえもち》自身が先頭に立ち、大軍をひきいて長州を再び攻《せ》める、との方針《ほうしん》を布告《ふこく》した。

この動きに対応して、吉之助はただちに京都を出発し、鹿児島へ向かう。同行した者に坂本龍馬《りょうま》がいた。

鹿児島で吉之助は、薩摩藩の中心人物を説得して、

「薩摩藩は、こんどの長州攻めに出兵しない」

との意見で、ぜんたいをまとめることに成功した。

吉之助が幕府との距離《きょり》をひろげだしたのは、この時期のかれの見解からもわかる。福岡藩士《ふくおかはんし》あての四月二五日の手紙のなかで、吉之助は、長州を再度攻めようとする幕府に対して、

「幕府と長州が、それぞれのうらみによって、たがいに争っているのだから、勝手にやってもらいたい。薩摩藩が幕府がわに立って出兵する道理はない」

とはっきり主張している。半年前には幕府がわの兵力の中心となって、現場の指《し》揮官《きかん》として働いた男が、大きく態度を変えている。

そして、八月二八日の鹿児島の大久保《おおくぼ》らにあてた手紙のなかでは、ついに、

「幕府では有能な者が退《しりぞ》かされ、策はなく、指導力がますます失われている。これでは、みずからたおれていくでしょう」

との見方を伝えている。

その一方、京都に来た大久保利通《としみち》は、朝廷《ちょうてい》との交渉《こうしょう》のなかで、幕府をおそれて、なにも決められない朝廷に、嫌気《いやけ》がさしていた。

九月二二日にやりとりをしたあと、朝廷《ちょうてい》の中心人物・朝彦親王《あさひこしんのう》に対して、

「朝廷はこれかぎりです」

と言いすて、大久保《おおくぼ》は去って行った。

幕府《ばくふ》を見かぎりだした吉之助《きちのすけ》と薩摩藩《さつまはん》。

朝廷を見切った大久保と薩摩藩。

このとき日本にあった、二つの指導層《しどうそう》への不満は、

「このさい、すべてを一新《いっしん》しよう」

という志向に結びつくのだった。


九月の半ばを過ぎたころ、イギリス・フランス・アメリカ・オランダの外国勢力が、軍艦《ぐんかん》九隻《せき》をひきいて、兵庫の沖《おき》に集まってくる。

かれらは、巨大《きょだい》な軍事力を見せつけながら、

「兵庫に、外国船を受け入れる、港を開くように」

と迫《せま》ってきた。

ただならぬ情勢のなか、薩摩藩の選ぶ道は、自然と、ある方向をとるようになっ

た。

幕府に一貫《いっかん》して敵対してきた、長州藩への接近である。

禁門《きんもん》戦争と長州討伐《とうばつ》で対立していた二つの藩が、手をむすぶ気運が高まる。とはいっても、ずっと仲が悪かったので、藩士《はんし》どうしの交流もあまりない。ここで両藩の仲をとりもつ、重要な人物が登場する。

坂本龍馬《りょうま》であった。

龍馬と吉之助は、勝海舟《かつかいしゅう》とのつながりで縁《えん》をもった。

勝のつくった神戸海軍操練所《そうれんじょ》が閉鎖《へいさ》されたとき、行き場を失った龍馬は、勝の紹《しょう》介《かい》で、薩摩藩にやとわれることになったのだ。

「面白い。しかも行動力のある男だ」

吉之助は、龍馬をそう見ており、親しくなるにつれて、信頼《しんらい》を深くしていった。おそれを知らぬやんちゃなところ、相手を説得できる力を評価して、さまざまな工作にあたらせた。

たとえば、

「外国艦隊《かんたい》が兵庫にくる」

との情報を得ると、外国勢の動静をさぐらせるために、龍馬《りょうま》を現地に派遣《はけん》した。

長州との関係を深めようとしたときも、まずは龍馬を、下ごしらえの交渉《こうしょう》にあたらせた。そのため、吉之助《きちのすけ》と大久保《おおくぼ》は、かれを長州に派遣している。

「薩摩《さつま》は長州と、手をむすぼうと望んでいます」

長州藩《はん》の有力者・広沢真臣《ひろさわまさおみ》に、龍馬の口から、薩摩の意向《いこう》が、伝えられる。

二つの藩のつながりが、徐々《じょじょ》に形成されていく。

具体的な関係づくりとして、

「京都での薩摩藩兵の食糧《しょくりょう》を、長州藩から調達《ちょうたつ》する」

「長州藩が必要とする武器や弾薬《だんやく》を、薩摩藩の名前で購入《こうにゅう》する」

といった件があり、すべて、龍馬が交渉して実現させた。

薩摩と長州は、こうして一歩、一歩、近づいていく。

もっとも、かつて禁門《きんもん》戦争での敵《かたき》である薩摩へのにくしみは、長州にまだ強い。

薩摩にしても、長州を警戒《けいかい》し、けぎらいする者は藩のなかに多かった。おたがいの不信が深かったのだ。

そのうえ、戦争に負け続きで立場を弱くしていた長州には、

「あわれみを乞《こ》うような連携《れんけい》は、ごめんだ」

とのメンツがある。

このとき、交渉現場で、「薩摩からの歩み寄り」を実行させて、同盟《どうめい》成立に踏《ふ》みきったのは吉之助であった。

小さな感情的な行き違《ちが》いより、

「日本のこれからを、考えようではないか」

というひろい視野《しや》が、吉之助にはあったのだ。

そして、慶応《けいおう》二年（一八六六）一月二二日。京都にあった薩摩藩邸《はんてい》に、長州藩の木戸孝允《たかよし》を迎《むか》え、薩長《さっちょう》同盟が結ばれた。木戸と向き合った薩摩がわは、西郷《さいごう》吉之助と小松帯刀《たてわき》である。

昨日の友が今日の敵になるような、変転めまぐるしい時代だった。

もっとも、薩長同盟は、薩摩が長州とともになって幕府《ばくふ》をたおす、という内容ではない。

「幕府と長州にふたたび戦争が起きたら、薩摩は戦争の早期終結《しゅうけつ》に力をつくし、長州の名誉《めいよ》回復を助ける」

というのが柱である。

「幕府《ばくふ》はもうたおれるだろう。しかし、だからといって、過激《かげき》な長州にもよりすぎない」

というのは、吉之助《きちのすけ》の考えでもあった。

やがて幕府は長州へ攻《せ》めこむ。戦闘《せんとう》開始は慶応《けいおう》二年（一八六六）六月七日だった。幕府がわは大軍で、孤立《こりつ》した長州藩《はん》を四つの方向から攻撃する。

このとき長州は、計一四藩の幕府がわ連合軍を迎《むか》えてよくたたかった。八月一日に幕府軍の拠点《きょてん》である小倉《こくら》城が落城《らくじょう》。長州軍は、わずか二か月で、数が上まわる幕府の軍勢を打ち負かしたのである。

六、王政復古《おうせいふっこ》

慶応三年（一八六七）の後半は、幕末史《ばくまつし》のドラマも、いよいよ最後の段階《だんかい》にはいる。薩摩《さつま》に去られ、長州に負け、幕府の権威《けんい》は地に落ちていた。もはや幕府には日本の政治を指導していく力がないと、誰《だれ》の目にも明らかになっていた。

ここで、事態を収拾《しゅうしゅう》させるために、二つの大きな動きが出てくる。

一つは、将軍《しょうぐん》となっていた徳川慶喜《よしのぶ》が、政治の権力《けんりょく》を天皇《てんのう》に還《かえ》す、というもの。「大政奉還《たいせいほうかん》」という方法である。これは結果として、幕府の力を温存《おんぞん》することになる。

もう一つは、武力によって幕府をたおす、というものであった。

前者の中心は土佐藩《とさ》である。後者の中心は、すでに述べてきたように長州藩である。

薩摩は長州とすでに同盟《どうめい》を結んでいる。

他方で、前者を推進《すいしん》する土佐とも、薩摩は一定の関係を築こうとしていた。

当時の土佐は、

「幕府の時代を終わらせるにしても、おだやかに政権《せいけん》を移行《いこう》させる」

という考えであり、大政奉還という発想も、そこから来ている。

武力討幕《とうばく》をめざした長州とは、この点で違《ちが》いがあった。

薩摩藩は、長州と同盟を結ぶ一方で、穏健《おんけん》な土佐藩とも交渉《こうしょう》を続けてきた。

それが六月二二日の薩土盟約《さつどめいやく》に結びつく。

土佐藩《とさはん》からは後藤象二郎《ごとうしょうじろう》、福岡孝弟《ふくおかたかちか》ら、薩摩藩《さつま》からは西郷吉之助《さいごうきちのすけ》、大久保《おおくぼ》、小松が集まる。これに坂本龍馬《りょうま》らも加わり、会談がもたれた。このとき薩摩は土佐藩の主張を受けいれ、盟約《めいやく》をむすぶことになったのだ。

こちらの動きにも、吉之助は決定的な役割《やくわり》を果たした。

薩土《さつど》盟約の中心は、

「上下二院の議事院をつくり、公家から庶民《しょみん》まで優秀《ゆうしゅう》な人間を集める」

「論議《ろんぎ》して決められたことをもとに、国の政治をおこなう」

という項目《こうもく》であった。議会制を構想《こうそう》しており、新政府がどのように運営されるのか、かたちを描《えが》いていた。

幕府《ばくふ》の政治が終わるのを見こして、新しい政権《せいけん》のあり方を構想している。

このとき、薩摩が長州、土佐と二股《ふたまた》にかけているのではないかとの疑念《ぎねん》が、長州藩の藩士《はんし》に生じないよう、吉之助は気をくばっている。

長州の山県有朋《やまがたありとも》と品川弥二郎《やじろう》を、薩摩の国父*1・島津久光《しまづひさみつ》に会わせて、その場で久光の口から討幕《とうばく》の決意を言わせて、薩長同盟《さっちょうどうめい》の誓約《せいやく》を改めておこなっている。

吉之助自身も山県を訪《たず》ね、討幕の決心を改めて告げた。また、土佐と薩摩が盟約をむすぶにあたり、山県、品川に、内容を示して意見を求めている。西郷吉之助は、細かな心づかいができる人物でもあった。その面が長州への配慮《はいりょ》にあらわれている。

慶応《けいおう》三年の一〇月から一二月にかけて、歴史が大きく動きだした。

まず一〇月三日、大政奉還《たいせいほうかん》を求める意見書を、土佐藩が幕府に提出する。

それを受けて、一四日、将軍《しょうぐん》・徳川慶喜《よしのぶ》は、大政奉還の「上表《じょうひょう》」*2を朝廷《ちょうてい》に出す。続けて、二四日に、こんどは将軍職《しょうぐんしょく》の辞表を、朝廷に出した。

しかし、吉之助と薩摩藩は、

「徳川慶喜には、本気で政権を返す気などはない」

と見ぬいていた。慶喜は、

「幕府ぬきの政治など、できるもんか」

と、たかをくくっていた。

*1 藩主《はんしゅ》の父。　*2 天皇《てんのう》に差し出す、意向を書いた文書。

実際、大政奉還《たいせいほうかん》の上表《じょうひょう》がみとめられたあと、政治をになう者がいなくなって、仕方なしに朝廷《ちょうてい》は慶喜《よしのぶ》に、

「これまでどおり、政治をおこなうように」

と命じるしかなくなった。

また、将軍職《しょうぐんしょく》の辞表は受けとらない、とした。こちらも同じ理由である。

西郷吉之助《さいごうきちのすけ》や大久保《おおくぼ》など薩摩《さつま》の指導者は、朝廷の、こうしたなまぬるい対応に、あきれかえった。そして、

「すべてを、きっぱりと、新しくしなければ」

と、心にちかうのだった。

かれらのなかで、

「新政府をつくる」

という目標は、ついにゆるぎないものになった。

一方、仲間の公家・岩倉具視《いわくらともみ》を中心に、おおいそぎで、ひみつの工作がおこなわれていた。やがて、

「将軍《しょうぐん》慶喜を討《う》つべし」

という、ニセの勅命《ちょくめい》*がつくりあげられた。「討幕《とうばく》の密勅《みっちょく》」といわれた文書である。

西郷と大久保らは、すべてを承知したうえで、これをうけた。

「慶喜をのぞいて、幕府《ばくふ》を終わらせて新しい政権《せいけん》をつくらないと、日本は変わらない」

と、確信していたからである。

慶喜がうまく立ちまわっているなかで、新政権を実現させないといけない。

そのためには、普通《ふつう》は用いない方法しか、もはやなかった。

吉之助は一〇月一七日、事態を説明するために、京都を出発した。大坂から船に乗りこみ、まず長州へ向かった。二二日に、かれは、長州の毛利《もうり》敬親《たかちか》父子と会見する。

その後、長州を出発して鹿児島《かごしま》へ向かう。

ふるさとに到着《とうちゃく》した吉之助は、さっそく藩主《はんしゅ》父子に会い、

「討幕をせよとの、命令がくだりました」


*天皇《てんのう》の命令。

そう言って、藩主父子《はんしゅふし》に行動をうながした。

一一月一三日。吉之助《きちのすけ》は藩主・島津忠義《しまづただよし》にしたがい、三〇〇〇の兵士と、軍艦《ぐんかん》三隻《せき》をともなって鹿児島《かごしま》を出発する。向かう先は京都であった。

このとき吉之助は、長州へ立ちより、出兵のさいに両軍がどう配置されるのか、打ちあわせをしている。

それらをへて、大坂についたのは二〇日。淀川《よどがわ》をのぼり、京都に達したのは二三日であった。

一一月末から一二月初めにかけて、大久保利通《おおくぼとしみち》は、有力な公家たちに、

「政変[*1]を起こして、王政復古《おうせいふっこ》をなしとげ、新政府をつくる」

という方針《ほうしん》を示して、協力するようかれらを説得した。

さらに、吉之助とともに土佐藩《とさはん》の後藤象二郎《ごとうしょうじろう》を訪《たず》ね、同じ方針を説明して、後藤の同意を得ている。公家の岩倉具視《いわくらともみ》も同意した。

西郷《さいごう》吉之助、大久保がこれら下準備を重ねたうえで、ついに王政復古の政変がはじまる。

歴史が動きだした。

決行日は一二月九日とされた。

政変が近いことを知った公家に、動揺《どうよう》がひろがったが、吉之助は、大久保らとともに、公家たちを勇気づける。

「断固とした態度でのぞんでください」

吉之助たちは、岩倉への手紙でそう書いた。

この手紙は、岩倉を通じて有力な公家たちにも示された。「のちの世に恥《は》じない行動」を求めて、かれらに決意をうながしたのだ。

そして九日がくる。

薩摩《さつま》・安芸《あき》*2・尾張《おわり》*3・越前《えちぜん》の藩兵に出動命令が出された。続いて、土佐藩兵も出動する。政変を起こすがわは、こうして武力をととのえた。

幕府《ばくふ》がわだった会津《あいづ》、桑名《くわな》藩の兵は、逆に退却《たいきゃく》した。

薩摩などの兵が警護《けいご》するなか、王政復古派《は》の公卿《くぎょう》が集まり、京都御所《きょうとごしょ》内の小御所《こごしょ》

*1 政府を突然《とつぜん》に、しかも決定的に変えてしまうこと。　*2 いまの広島県西部。　*3 いまの愛知県西部。

で会議が開かれた。会場をとって、小御所会議《こごしょかいぎ》と呼《よ》ばれる。

その会議で大政《たいせい》の返上と将軍職《しょうぐんしょく》の辞退《じたい》が承認《しょうにん》され、王政復古《おうせいふっこ》は実現した。大きな混乱《こんらん》はなかった。吉之助《きちのすけ》たちが手ぬかりなく準備をした結果である。

政変は成功したのだった。

そして、王政復古の大号令《だいごうれい》が発せられた。

「国民一致《いっち》して、きびしい時代を乗り切り、日本を立ち直らせるように」

というのが、大号令のなかで示された、天皇《てんのう》の言葉の意味するところだった。

王政復古の政変にいたる、緊迫《きんぱく》した動きのなかで、吉之助がひきいる薩摩《さつま》兵は、宮門《きゅうもん》*の警護《けいご》にあたった。

そこを幕府《ばくふ》がわの兵で固められたら、味方の出入りが制限され、政変はうまくいかなかったかもしれない。

吉之助のすみやかな行動が、新政府樹立《じゅりつ》を成功させるのに、大きな役割《やくわり》をはたしたのだ。

七、鳥羽伏見《とばふしみ》のたたかい

王政復古はなしとげられ、政治は新しくなったが、こうした一方的なやり方に、旧幕府がわの人間たちは納得《なっとく》しない。

江戸《えど》にいた兵士たちを、ぞくぞく移動させ、大坂へ集めた。

とりわけ、クーデターの中心となった、薩摩に対するいかりは、大きくなるばかりである。

おたがいに、緊張《きんちょう》がたかまった。

旧幕府がわの動きに対して、吉之助はどう対処《たいしょ》しようとしたのか。

それまでずっと、交渉《こうしょう》によって日本の政治を変える動きに、深くかかわってきた吉之助である。

実際に交渉をかさねるにしたがって、

＊御所《ごしょ》へ入る門

「最後には力をもって決着しないと、なにも実現しない」

という判断が、吉之助《きちのすけ》のなかで、たしかなものになっていく。

そして、

「日本をほんとうに立て直すためには、武力をもって、幕府《ばくふ》を、てってい的にたたかないといけない」

という、決意もはっきりしてきた。

「いずれ、たたかいになる」

そう考えて、ハラをくくっていた。

武士とは、刀《かたな》をもち、もともと戦闘《せんとう》することを使命にしてきた人間たちである。幕末《ばくまつ》の世の中にあって、より武士らしくふるまおうとした者の一人が、西郷《さいごう》吉之助であった。その吉之助のもとへ、武士たちの心が集まる。いっしょにたたかおうという意志が、かれに結集した。

これが、最終段階《だんかい》で、明治維新《いしん》を実現させるために、ずばぬけた役割《やくわり》をはたした。

王政復古まもなく、吉之助は旧幕府の中心地だった江戸《えど》で、ひとつの工作をした。

浪人《ろうにん》＊をつかってあばれさせ、町を混乱《こんらん》におとしいれる。

そうすることで、旧幕府がわを挑発《ちょうはつ》したのだ。

薩摩藩《さつまはん》のやりくちに、旧幕府の者たちは、いきり立った。

「ゆるさん。薩摩めをやっつけろ」

かれらは、江戸の三田にあった薩摩藩の屋敷《やしき》を焼きうちした。

事件をまっさきに知った吉之助は、

「江戸の海に停泊《ていはく》していた薩摩の汽船は、どうなったか。急ぎしらべたい」

大久保《おおくぼ》への手紙でそう伝えてきた。

薩摩藩の汽船・翔鳳《しょうおう》丸は、旧幕府の軍艦《ぐんかん》に、さんざん砲撃《ほうげき》をくわえられた。しかし、これをふりきって逃《に》げきり、ぶじであった。

吉之助の挑発によって、たたかいは、もうはじまっていたといえる。

徳川慶喜《よしのぶ》は大坂城《おおさかじょう》におり、旧幕府の軍勢が結集していた。

そこに、「江戸で薩摩屋敷が焼きうちになった」という連絡《れんらく》がはいる。

＊身分を失ったサムライ。

「よおし！」

旧幕府《ばくふ》がわのサムライたちは、大いに気勢をあげ、薩摩《さつま》とたたかう意志を明らかにした。

大坂に集まった旧幕府方の兵力は一万五〇〇〇名。

対する新政府方の軍勢は、薩摩の兵力に味方となった長州、土佐《とさ》の勢力を合わせても、せいぜい五〇〇〇名でずっと少ない。


年が明けた明治元年（一九六八）一月二日。意気さかんとなった旧幕府の軍勢は、ついに大坂から進軍をはじめる。鳥羽街道《とばかいどう》、伏見街道《ふしみかいどう》のふた手から、京都へ向かったのだ。

立ち向かう新政府軍の主力は、薩摩兵である。

かれらをひきいる吉之助《きちのすけ》は、戦場もそう遠くない京都の薩摩藩邸《はんてい》に陣《じん》どり、たたかいの準備をすすめた。そして、伏見にいた薩摩兵に応援《おうえん》の兵隊をさしむける。

実際、伏見にあった奉行所《ぶぎょうしょ》へ、旧幕府の兵がぞくぞく集まりだしていた。

これに対抗《たいこう》して、薩摩・長州・土佐の兵が通路をふさぎ、守りをかためる。

旧幕府の軍をひきいた竹中重固《たけなかしげたか》は、薩摩兵の隊長・島津久宝《しまづひさたか》と交渉《こうしょう》する。

「いますぐ、道をあけろ」

「いや、だめだ」

こうした問答がくり返された。

一方、鳥羽でも、「通せ」「通さない」のやりとりがあった。

おたがいがゆずらないうちに、とうとう戦闘《せんとう》がはじる。薩摩の兵が旧幕府軍に発砲《はっぽう》したのがきっかけだった。

一月三日の夕方である。

吉之助は薩摩藩邸を出て、伏見の戦場に立つ。かれは、のちにこのときをふり返り、

「鳥羽での一発の砲声《ほうせい》は、百万の味方をえるよりうれしかった」

と語っている。

鳥羽で撃《う》たれた大砲《たいほう》の音は、二・五キロメートルはなれた伏見まで聞こえた。これが合図となって、伏見でも薩摩と長州の兵が動きだす。

はげしい戦闘が、鳥羽と伏見で同時にはじまった。

「いずれ武力で決着するときがくる」

そう思っていた吉之助《きちのすけ》にとって、運命の瞬間《しゅんかん》であった。

西郷《さいごう》吉之助がひきいる薩摩《さつま》軍は、鳥羽伏見《とばふしみ》の東にあった桃山《ももやま》の地を攻《せ》めたてた。

そこには旧幕府《ばくふ》の彦根藩《ひこねはん》が軍勢を集めていたが、薩摩兵の攻撃《こうげき》でしりぞいていく。

桃山を手にいれた薩摩軍は、ここに大砲《たいほう》を四門すえつける。

敵に向かって、この四つの大砲がいっせいに砲弾《ほうだん》をうちはじめた。

そのうちの一発が、伏見奉行所《ぶぎょうしょ》の火薬庫に命中する。

旧幕府がわのつどう奉行所が大爆発《ばくはつ》した。会津《あいづ》兵など、奉行所にいた兵が、おどろいて、いっせいに逃《に》げ出す。

夜になって、戦場から引きあげた吉之助は、大久保利通《おおくぼとしみち》あてに、

「初めのたたかいは大勝」

と書きおくった。そして、

「兵士は、すすむところはすすみ、しりぞくところはしりぞき、じつにうまい動きです。感心しました」

と、軍勢のたたかいぶりをたたえている。

この手紙のなかには、

「戦争指導者は、万が一のことがあってはいけないので、たたかいの前線まで出てはいけないといわれていました。これでは藩主《はんしゅ》にしかられますね」

と、吉之助は、おかしそうに書いてもいる。

ともかくも、最初のたたかいに勝つことができて、吉之助はほっとした。大久保も同じ気持ちであったろう。

しかし、戦闘《せんとう》は休むまもなく続く。

翌日《よくじつ》には下鳥羽《しもとば》でたたかいとなり、旧幕府がわの猛《もう》攻撃をうけて、薩摩と長州の軍は苦戦する。薩摩兵の討《う》ち死はかなりの数にのぼった。

旧幕府の軍はつよく、うちやぶられる間ぎわまで追いつめられた。

それでも、もちこたえているうちに、夜となる。

暗やみのなか、旧幕府の軍は、

「たたかいにくい」

と、下鳥羽から、一時撤退《てったい》していった。

救われたのは、薩摩と長州の軍勢である。

二日間にわたる戦闘《せんとう》のせいで、伏見《ふしみ》の町は三分の二が焼かれてしまった。

一方、吉之助《きちのすけ》は、「錦の御旗《にしきのみはた》」を、戦場まで届《とど》けてもらうよう大久保《おおくぼ》にたのんでいた。薩摩《さつま》や長州の兵が、新政府のためにたたかっていることを、はっきり示すためである。

大久保は大急ぎで旗をつくらせ、わずか一日で用意した。味方の軍勢を元気にして、敵をくじくために、旗が役に立つとわかったからだ。

一月四日にはもう、戦場で旗がひるがえった。

それを見て、旧幕府《ばくふ》の軍勢に、ひるむ心が生じた。

一月五日。薩摩と長州の新政府軍は、こんどは淀川《よどがわ》の堤《つつみ》にあった千両松《せんりょうまつ》*1付近で、旧幕府の軍勢とたたかう。

旧幕府がわは、新撰組《しんせんぐみ》*2の兵を中心に、必死の抵抗《ていこう》を続けた。たいへんな激戦《げきせん》となったが、新政府軍はなんとか勝ちぬいた。

翌日《よくじつ》の六日には、橋本《はしもと》*3で両軍がぶつかる。

淀川をはさんで、きびしい戦闘となった。

このとき、新政府軍は一つの作戦をとった。こちらから見て、旧幕府軍の背中《せなか》に陣《じん》どっていた津藩《つはん》を説得して、味方に引き入れたのだ。

前後から砲撃《ほうげき》をあびせかけられた旧幕府軍は、もちこたえきれずに、軍勢のまとまりをくずしていった。

かろうじて、新政府軍が勝ったのである。

「よくやった」

吉之助は兵士たちをねぎらった。

これまでのたたかいを国もとに報告する手紙のなかで、吉之助は、じまんするように、こう書いている。

「三日から六日にかけてのたたかいは、勝ちどおしでした。敵は五倍の兵力でしたが、わが兵士たちは、一歩もしりぞかず、勇敢《ゆうかん》にたたかいました」

そして、新政府がわの薩摩や長州の兵が通っていくと、

「町の人びとが、食べものや汁《しる》ものを用意してくれました」

＊1　秀吉《ひでよし》が植えたといわれる松。現在の京都市伏見区《ふしみ》。
＊2　幕府《ばくふ》がつくった警備隊《けいびたい》のひとつ。
＊3　石清水八幡宮《はちまんぐう》の西。現在の京都府八幡市《やわたし》。

とも書いて、民衆《みんしゅう》の支持をうけていたようすを、吉之助《きちのすけ》は伝えている。

連勝によって、しだいに、新政府軍の優勢《ゆうせい》が明らかになってきた。

数では旧幕府《ばくふ》軍のほうが兵力は多かった。それなのに新政府軍が勝ちぬけた理由はなにか。

銃《じゅう》や大砲《たいほう》といった装備《そうび》が新しかったことが、まずあげられる。

それとともに、兵士の士気《しき》が高かったのが、勝敗をわけた。この点では、西郷《さいごう》吉之助という、すぐれた指導者のいたことが決定的だった。

吉之助の弟、信吾《しんご》もこのたたかいに兵士として参加していた。おそれることなく、敵の陣地《じんち》近くまですすんだとき、耳の下から首にかけて、銃弾《だん》が通りぬけた。

弟がけがをしたと聞いて、吉之助は見舞《みま》いに行く。

「どうだ、大丈夫《だいじょうぶ》か」

「兄さん、わざわざ来てくれて、ありがとう。もう大丈夫」

実際に、きずはたいしたことがない。吉之助はほっとした。

信吾は、

「すぐにでも出ていけますよ」

と言って、立ち上がらんばかりの元気ぶりを、兄に見せた。

吉之助のいとこの弥助《やすけ》（大山巌《いわお》）も、戦闘《せんとう》でけがをしていた。とはいえ、耳を切られたていどで、戦場から引きさがらず、たたかい通した。

吉之助が監督《かんとく》する兵士たちは、みな勇敢《ゆうかん》だったのだ。

旧幕府か新政府か、どちらにつくか、まよっていた藩《はん》は、吉之助となかまの兵たちがつくりだした勝利を見て、次々《つぎつぎ》と新政府に味方しだす。

新政府軍の勢力は大きくなり、たたかいは吉之助にとって、有利になってきた。

鳥羽伏見《とばふしみ》のたたかいに負けた旧幕府の勢力は、大坂城《おおさかじょう》へと退却《たいきゃく》していく。

そこには徳川慶喜《よしのぶ》もおり、軍勢が結集していた。

旧幕府のほうでは、大阪城《おおさかじょう》で兵をまとめて、すすんでくる新政府軍を迎《むか》え討《う》つ用意をした。勢いはまだ大きい。たたかえば逆転して勝利することも、ありえたはずである。

しかし、ここで、とんでもないことが起きた。旧幕府の最高指導者だった徳川慶喜が、兵たちを大坂におきざりにして、逃《に》げてしまう。開陽《かいよう》丸に乗って勝手に大坂湾《わん》を出発し、江戸《えど》へと帰ったのだ。

そのため、旧幕府《ばくふ》の軍勢は、たたかう意欲《いよく》をなくしてしまった。腰《こし》くだけするようにして、鳥羽伏見《とばふしみ》のたたかいは、吉之助《きちのすけ》たち新政府軍の勝ちに終わった。

八、江戸開城《かいじょう》

江戸に逃《に》げ帰った慶喜《よしのぶ》は、態勢をととのえて、新政府軍とたたかうつもりだった。なんといっても、江戸は幕府の中心地である。

「新政府軍が攻《せ》めてきたら、追い返しましょう」

と、有力な武士たちは、慶喜に進言した。

フランス公使《こうし》のロッシュも、

「わが国は、幕府を支持しています。たたかいとなったら、軍事的に支援《しえん》しますよ」

と言ってきた。

一方、対決するほうの西郷《さいごう》吉之助は、

「断固として、慶喜をたたく」

という決意をもって、のぞんでいた。

「ここまできたら、中途半端《ちゅうとはんぱ》なことではだめだ。慶喜と旧幕府の勢力をほろぼす覚悟《かくご》で、進軍していく」

吉之助の意気ごみをうけて、新政府は、薩摩《さつま》と長州を主力に、尾張藩《おわりはん》など計二三藩からなる軍勢をととのえた。

大軍となった新政府軍が、江戸攻《ぜ》めに動きだした。

事実上の最高指導者は、西郷吉之助である。

三月五日、新政府軍は静岡《しずおか》まで進軍した。ここまでは一戦も交えていない。

駿府城《すんぷじょう》*に陣《じん》どった新政府軍のもとへ、旧幕府がわの山岡鉄太郎《やまおかてつたろう》がやってくる。有力な幕臣《ばくしん》であった。

山岡は勝海舟《かつかいしゅう》の手紙をもってきた。


*現在の静岡市葵区《しずおかしあおいく》にあった城《しろ》。

すでに述べた通り、かつて幕府《ばくふ》の長州攻《せ》めを指揮《しき》していたとき、吉之助《きちのすけ》は勝《かつ》と会い、深く影響《えいきょう》をうけた。

敵と味方に分かれてしまったが、なつかしい勝からの手紙であった。

勝海舟《かつかいしゅう》はこのとき、旧幕府の陸軍総裁《そうさい》という立場にあり、軍事上の責任者であった。新政府軍の同じく軍事上の責任者となっていた吉之助と、「交渉《こうしょう》したい」といってきたのだ。

西郷《さいごう》吉之助はこのとき、たたかわないで戦争を終わらせるための七つの条件を伝えた。

一、徳川慶喜《よしのぶ》の身がらは、新政府がわとなった藩《はん》にあずける。
二、江戸城《えどじょう》を新政府軍に明けわたす。
三、旧幕府がわの軍艦《ぐんかん》は、新政府軍に引きわたす。
四、旧幕府がわの武器は、新政府軍に引きわたす。
五、幕臣《ばくしん》は謹慎《きんしん》する。
六、慶喜を助けた幕臣は謝罪する。
七、反抗《はんこう》する者は新政府軍が武力をもってしずめる。

「これは新政府の命令であって、受けいれないと、江戸《えど》を攻めることになる」

吉之助は強い口調で、山岡《やまおか》に話した。

このなかで、一の条件は、慶喜の身がらを敵にわたすことになるので、山岡は受けいれをはねつけた。

はげしいやりとりとなった。

最後には、吉之助が一歩ひいた。相手の陣地《じんち》に、危険《きけん》をかえみず乗りこんで、交渉する山岡の勇気をたたえ、その意見をそんちょうする、とした。

「慶喜公の件については、私《わたし》のほうにまかせてください」

と返事をして、ひとまず話し合いをおさめたのである。

なお、このやりとりがきっかけとなって、吉之助は江戸攻めの前に、勝海舟と会って話をする約束をした。

翌日《よくじつ》一〇日に新政府軍は静岡《しずおか》を出発する。江戸についたのは一二日で、池上本門寺《いけがみほんもんじ》*に陣《じん》どった。

＊いまの東京都大田区にある寺。

江戸城《えどじょう》への総攻撃《こうげき》は、一五日と決まった。

旧幕府《ばくふ》がわでも、「てってい的にたたかう」という意見が強かった。

両軍は、たたかいを前にして、気勢をあげていた。

江戸《えど》は巨大《きょだい》な城下町《じょうかまち》であり、そこで本格的な戦闘《せんとう》が起きれば、多くの家が焼かれ、犠牲者《ぎせいしゃ》ははかりしれない。

開戦のせとぎわとなった。

このとき、西郷吉之助《さいごうきちのすけ》と勝海舟《かつかいしゅう》という、両軍の指導者の間で、話し合いがもたれたのだ。

総攻撃の二日前、一三日のことである。

緊張《きんちょう》の場面だった。

当日、勝海舟は、羽織《はおり》をきて、したがう者をひとりだけつれて、薩摩屋敷《さつまやしき》へと出かけた。

部屋に案内され、しばらく待っていると、西郷吉之助がやってくる。

着古しの洋服をきて、薩摩づくりの下駄《げた》をはいて、かまえることなく、自然な姿《すがた》だった。

「ちょっと遅《おく》れました。失礼」

そう言うと、席についた。

「そのようすは、一大事を前にしたものとは、少しも思われなかった」

と、勝《かつ》はのちに語っている。

いよいよ話しあいになると、吉之助は勝のいうことに、ひとつひとつうなずく。

勝ちすすんできたほうが、きびしいたたかいを覚悟《かくご》した者に対して、おだやかな態度をとったのだ。

「いろいろむずかしいところもあるでしょうが、わかりました。話は私《わたし》が責任をもって引きうけます」

吉之助のこの一言で、江戸総攻撃は事実上、なされないことになった。

旧幕府《ばくふ》がわは平和のうちに、新政府軍へ、江戸《えど》の引きわたしをおこなう。その流れができたのである。

のち新政府軍が江戸城《えどじょう》に入ってから、勝《かつ》は、ふたたび吉之助《きちのすけ》に会っている。

江戸の町が混乱《こんらん》していることを、吉之助に話すと、かれは、勝にこう返事した。

「勝さんがなんとかなさるだろう。どうかよろしくおたのみ申す」

それでおしまいだった。これには、言われた勝のほうも大弱りになった。

「『だろう』でたくされても、困《こま》るのだ」

勝海舟《かつかいしゅう》は、のちにこの会見を回想して、ユーモラスに、そう書いている。

たたかわずして、江戸開城《かいじょう》はおこなわれた。

西郷《さいごう》と勝という両雄《りょうゆう》が、それを実現させたといえる。

なかでも、優勢《ゆうせい》な立場の西郷に、なぜこうした判断ができたのか。

かつて長州を攻めたとき、吉之助は、「たたわずして戦争を終わらせる」という策《さく》を実行したことは、すでに述べている。

時代のながれをつかんで、犠牲《ぎせい》を少なくするためだった。

「国民どうしで、たたかっている場合ではない」

という考えからでもある。

同じ発想が、このときの吉之助にあった。

それでも、現実において、事態を平和に終わらせるというのは、並大抵《なみたいてい》ではない。いきり立つ者もいたなかで、大きな仕事を実行できたのは、やはり西郷吉之助の指導者としての力が、大きくあずかった。

緊張《きんちょう》する場面で、かれは、おうようにふるまうことができた。そのふるまいは、相手に、おだやかに対処《たいしょ》したいという気持をおこさせる。これで、どたん場の交渉《こうしょう》も、ぎりぎりのなかでまとまる。

まわりのことをよく考えて、みんなを困らせないようにするという態度が、人びとの信頼《しんらい》を集めていた。それゆえに、吉之助の決めたことなら、みんながしたがう。

人びとの心をまとめる力が、かれにはそなわっていた。

そしてまた、吉之助は、各方面に説明して、納得《なっとく》させる力もそなえていた。

実際、勝海舟との会談のあと、吉之助は、江戸総攻撃《こうげき》の中止を新政府軍に命令すると、ただちに京都へ向かい、新政府の責任者を集めて、勝との交渉を説明し、了解《りょうかい》を得ている。

こうして、江戸城《えどじょう》の平和的な明けわたしがおこなわれた。

この大きな出来事は、西郷吉之助《さいごうきちのすけ》をもってでしか、成せなかった。それは相手がたの勝海舟《かつかいしゅう》も認《みと》めている。

多くの民衆《みんしゅう》の命や財産が、これによって救われたのだ。

九、戊辰戦争《ぼしんせんそう》

とはいえ、旧幕府《ばくふ》がわに立つ者がみな、新政府軍受け入れをみとめたわけではない。

一部は上野に立てこもって新政府に抵抗《ていこう》した。上野戦争である。このとき吉之助は、黒門口を攻撃《こうげき》する薩摩《さつま》軍を指揮《しき》している。新政府軍は、まもなくかれらをやぶった。

江戸《えど》をおさえたといっても、旧幕府に味方する勢力は、まだ全国にいる。

とりわけ東北と北陸の藩《はん》は、新政府に反対して、抵抗するかまえをみせていた。

かれら反対勢力は同盟《どうめい》して、武力をもつ大きな集団となっていた。鳥羽伏見《とばふしみ》のたたかいからはじまった、新政府と旧幕府の戦争は、ぜんたいを戊辰戦争という。

江戸開城《かいじょう》はそのドラマの、ひと区切りにすぎない。

東北・北陸では、同盟軍《どうめいぐん》とのたたかいが続いていた。

五月二九日、西郷吉之助は江戸を出発して、帰国の旅につく。六月一四日、なつかしいふるさとの地に立った。

目的は、同盟軍とたたかうために、鹿児島《かごしま》で新たに兵士を集めることだった。

七月一七日、江戸は東京と名を変え、新政府の首都になった。明治維新《いしん》の成立である。

吉之助は、ふるさとでこの知らせを聞いた。

新しい政府をつくるために、けんめいにやってきたことが、いよいよ実を結んだのだ。

七月二三日。吉之助は、北陸へ出撃《しゅつげき》する軍の「総差引《そうさしびき》」になるよう、命じられる。最高指揮官《しきかん》という立場であった。

軍勢をひきいて、春日丸で鹿児島《かごしま》を出港したのは八月六日。

越後《えちご》の柏崎《かしわざき》*に到着《とうちゃく》したのは、一〇日であった。

吉之助《きちのすけ》はそこで、悲しい出来事に出会う。

大切な弟・吉二郎《きちじろう》を失ったのだ。

吉二郎は新政府軍の兵士として、同盟軍《どうめいぐん》とのたたかいに参加していた。

相手の主力は長岡藩《ながおかはん》で、河井継之助《かわいつぐのすけ》という、すぐれた現場指揮官《しきかん》のもと、兵士もよく奮戦《ふんせん》し、手ごわかった。

「難儀《なんぎ》は越後」

〈越後でのたたかいは、たいへんむずかしい〉

という言葉が、新政府軍の間でいわれたくらいである。戦闘《せんとう》で命をおとす兵士がたくさんいた。

吉二郎はそのたたかいのさなか、敵の銃弾《じゅうだん》を腰《こし》にうける。重傷《じゅうしょう》だった。

ただちに高田の病院へ運ばれた。しかし、治療《ちりょう》のかいもなく、息をひきとったのである。

かつて西郷《さいごう》家がまずしく苦しかったとき、家を継《つ》いだ兄・吉之助を助けて、吉二郎はけんめいにはたらいた。

吉之助が安心して、藩のため、国のために活動できたのも、弟が家を守ってくれたおかげである。その意味で、吉二郎は恩人だった。

「年齢《ねんれい》からいうと、私《わたし》は兄であるが、やってくれたことからすれば、吉二郎のほうが兄である」

そう思っていたほど、かけがえのない吉二郎を失って、吉之助の悲しみは深い。

多くの兵をひきいる戦場で、指揮官《しきかん》が悲しみを見せてはならない。戦場で死ぬのは、兵士の運命でもある。弟だからといって、とくべつなあつかいはできなかった。

しかし、いかに抑《おさ》えようとしても、悲しみはわきあがってくる。

「吉二郎、おまえはもう、この世にいないのか」

そう考えると、吉之助の「うどめ」に、涙《なみだ》があふれてくるのだった。

吉之助は戦場ちかくに墓をつくり、大事な弟を手あつく葬《ほうむ》った。

＊新潟県《にいがたけん》南西部。日本海に面した一帯。

八月二〇日。西郷吉之助《さいごうきちのすけ》は松ヶ崎《まつがさき》*1に陣《じん》どり、ここで新政府の軍を指導した。薩摩《さつま》人の黒田清隆《きよたか》、吉井友実《よしいともみ》、長州人の山県有朋《やまがたありとも》など、参謀《さんぼう》*2たちが、新発田《しばた》*3にあった本営から、かわるがわるやってくる。吉之助の指揮《しき》をあおぐためであった。

九月九日。西郷吉之助は松ヶ崎を出発して、米沢《よねざわ》などをへて、二七日に山形の庄内《しょうない》に着く。戦闘《せんとう》は、すでに新政府軍の勝利で終わっており、その後の庄内藩《はん》のあつかいについて、現地指揮官《かん》だった黒田清隆は、吉之助の判断をあおいだ。

「降伏《こうふく》した藩主《はんしゅ》には敬意《けいい》をもって、丁重《ていちょう》にあつかうのだ」

吉之助は黒田に、寛大《かんだい》なあつかいをするよう指示した。

黒田はいう通りに実行した。どちらが勝ったのか、わからないくらいの、戦後のあつかいだった。庄内の人たちは、このときの吉之助の対応に感謝をわすれず、敬《けい》愛《あい》する気持をもち続けることになる。

吉之助は二九日に庄内を出発し、江戸《えど》をへて、一〇月に京都へ到着《とうちゃく》。大久保利通《おおくぼとしみち》たちにあとのことをたくして、鹿児島《かごしま》に着いたのは一一月のはじめだった。

西郷吉之助の凱旋《がいせん》*4は、ふるさとの人びとに熱く迎《むか》えられた。

（おや、たいへんなことをしてしまった）

どこかユーモラスなかれは、そう思っていたのかもしれない。

そのころ、旧幕府《ばくふ》側の同盟軍《どうめいぐん》は次々《つぎつぎ》と敗れ、北陸から東北は、新政府にしたがうことになった。

明治二年に、政府は西郷吉之助に、功労金《こうろうきん》にあたる「賞典禄《しょうてんろく》」を出した。永世《えいせい》*5で二〇〇〇石《こく》*6である。

吉之助とともに、維新《いしん》の三傑《さんけつ》といわれる中心的指導者・大久保利通と木戸孝允《たかよし》はともに一八〇〇石だった。

軍事指導者という点で同じの大村益次郎《ますじろう》は一五〇〇石、板垣退助《いたがきたいすけ》は一〇〇〇石であり、山県有朋は六〇〇石にすぎない。

明治政府は、吉之助を、維新の最大の功労者だとしたのである。かれが主軸《しゅじく》となり、さまざまな力が結集することで、明治維新は実現したとみとめたからだ。

新しい国が生まれ、ここに歩みをはじめた。

---

*1 新潟県《にいがたけん》東北部の日本海に面した地。現在は新潟市《にいがたし》の一部。　*2 指揮官《しきかん》の補佐《ほさ》。
*3 新潟県《にいがたけん》北部の中核《ちゅうかく》都市。　*4 たたかいに勝って帰ること。　*5 生涯《しょうがい》にわたって。
*6 米の量に換算《かんざん》して表示した金銭などの単位。

第三部

最後のサムライ

一、日《ひ》当《なた》山《やま》温《おん》泉《せん》

明治元年（一八六八）の終わり。西郷《さいごう》は山のなかの温泉につかっていた。緊張《きんちょう》続く政治のかけひきや、戊辰戦争《ぼしんせんそう》のはげしいたたかいをへて、心身を休めていたのだ。

温泉地《おんせんち》は日当山*1にある。鹿児島城下《かごしまじょうか》の家から北東へ、数日歩いてつく、古くからのいで湯だった。

西郷はこの温泉を、とくべつに好んだ。

かれは温泉地でひとつの漢詩を書いており、その意味は次の通りである。

山の温泉は、こんこんとわき出てながれ、
風呂《ふろ》あがりの一杯《いっぱい》のお茶は、じつにうまい。
一〇年のあいだで、囚人《しゅうじん》になり、
また自由の身で大きな仕事もした。

いまは、温泉に入っていたんだ体を治し、心にたまった愁《うれ》いをあらいながそう。

静かないで湯の里で、ゆったりと過ごす。明治維新《いしん》を成功にみちびいた男が、なによりのぞんだのは、そのひとときだった。

一方、できたばかりの明治政府は、明治二年（一八六九）一月、かれに出仕《しゅっし》*2をもとめた。

*1 鹿児島湾《かごしまわん》の北部。
*2 政治に参加して政府の力になること。

しかし、かれは、

「もう少し、休ませてくれないか」

という思いから、きっぱりことわっている。

ところで、かれは同年一二月に、父の名前だった「隆盛《たかもり》」をはじめて使った。そこで、明治時代をあつかうこれからの物語では、吉之助《きちのすけ》ではなく、西郷《さいごう》隆盛、あるいは西郷という名を用いていく。

温泉《おんせん》につかる日々《ひび》だったかれに、こんどは薩摩藩《さつまはん》が、

「藩の政治に参加してくれないか」

と、たのんでくる。藩主《はんしゅ》・島津忠義《しまづただよし》みずからが日当山《ひなたやま》まで来て、じきじきに希望を伝えた。

西郷はすでに巨大《きょだい》な存在《そんざい》になっていた。

はじまったばかりの明治という時代は、混乱《こんらん》していた。力量のある指導者が、どうしても必要とされた。

山里に引っ込《こ》んでしまった西郷の登場が、薩摩藩でも期待されたのだ。

鹿児島《かごしま》では、戊辰戦争《ぼしんせんそう》のたたかいから帰ってきた兵士たちが、町にあふれていた。

戦闘《せんとう》に参加したかれらには、

「新しい世の中をつくったのは、自分たちだ」

という自信がある。

それで、古い藩のやり方をいっせいに批判《ひはん》して、大騒《さわ》ぎになっていた。

かれらを抑《おさ》えられるのは、戊辰戦争を指揮《しき》した西郷隆盛しかいない。

「兵士たちは、不満をもち、手がつけられない。どうしても、戻《もど》ってきてほしいのだ」

藩主みずからのたのみとあれば、ことわりにくい。

西郷は、「わかりました」と、返事するしかなかった。

一月二六日、かれは藩主にしたがって鹿児島へと帰る。すぐに、参政《さんせい》という高いくらいが与《あた》えられた。


このとき、新政府はまだ全国をおさめていなかった。

旧幕府《ばくふ》の一部は、箱館*に立てこもり、抵抗《ていこう》を続けていた。


*いまの北海道函館《はこだて》。

やがて新政府軍とのあいだで、箱館戦争が起こる。

ここでも、西郷《さいごう》の力は必要とされた。かれはふたたび薩摩藩《さつまはん》兵の総差引《そうさしびき》となり、新政府軍を応援《おうえん》するために、戦場となった箱館へ向かう。かれを乗せた藩の船・三邦丸《さんぼうまる》が、鹿児島《かごしま》を出港したのは、明治二年五月一日である。

しかし、箱館についてみると、戦争は、新政府がわの勝利のうちに、すでに終わっていた。とって帰すように、西郷の一行は箱館を出て、鹿児島をめざす。途中《とちゅう》、浦賀《うらが》で船を停泊《ていはく》させていたとき、政府から西郷に、とどまるよう命令がきた。明治政治への参加をふたたび求められたのだ。

しかし西郷は、命令をとりあわないで、浦賀を出発してしまう。まっしぐらに鹿児島へと帰っていくのだった
ふるさとに着くと、せいせいした気持になり、また、いで湯につかる日々《ひび》をおくる。

「病気を治すため」という理由であった。

そんなかれに、明治政府が、維新《いしん》を成功させた功労者として、「正三位《しょうさんみ》」という高いくらいを与《あた》えた。九月二三日のことである。

しかし西郷は、

「いなかで過ごしている私《わたし》です。たいそうな国家のくらいなど、必要ありません」

と、いわんばかりに、すぐさま返上してしまう。

「戦争で死んだ兵士たちは、なにももらえず、生き残った自分だけが、栄誉《えいよ》や地位をもらうわけにはいかない」

という気持も、かれには強くあったのだ。

そして、翌《よく》明治三年の一月、かれは薩摩藩の参政《さんせい》も辞退してしまう。

日本を大転換《てんかん》する、とてつもない仕事をなしとげたのに、西郷隆盛《たかもり》は、政治に対する欲《よく》をもたなかった。

いで湯につかり、大好きな犬とともに山や野をめぐる。かれにとって、そちらのほうが、ずっと楽しかった。ほかには、なにもいらない心境だった。

これには薩摩の藩主《はんしゅ》ばかりか、明治政府の高官も困《こま》りはてた。

東京から、有力者がぞくぞくと説得しにくる。

一〇月には弟・従道《つぐみち》が帰ってきて、兄弟で顔を合わせた。

「兄さん、ふたたび政治の舞台《ぶたい》に立ってくれ。いっしょに東京へ行こう」

従道《つぐみち》は、いっしょうけんめい、兄にうったえた。

「うむ」

隆盛《たかもり》の心は、少ずつ動いていく。

一二月になって、こんどは、政府の中心にいた岩倉具視《いわくらともみ》と大久保利通《おおくぼとしみち》が、説得のために鹿児島《かごしま》入りをした。

「遠いところを、すまんのう」

西郷《さいごう》ははずかしそうにして、ふたりにそう言った。

岩倉は天皇《てんのう》からの詔勅《しょうちょく》*1をもっていた。

「東京に来て、政府に参加してほしい」

という内容である。ついに、天皇までが、西郷の説得に加わることとなったのだ。

さすがに、もうことわれなかった。

明治四年一月三日、西郷は鹿児島を出発する。途中《とちゅう》、長州藩《はん》のあった山口と、土《と》佐《さ》藩のあった高知に立ちよった。このとき西郷は、もとの薩摩《さつま》・長州・土佐三藩の兵で、政府直属の軍勢として、「御親兵《ごしんぺい》」をつくろうとしていた。その協力を求める目的からだった。

西郷はさらに、神戸、大阪《おおさか》*2をへて、横浜《よこはま》へ向かう。途中からの乗船者も含《ふく》めると、西郷といっしょに横浜についた者のなかには、大久保利通、木戸孝允《たかよし》、山県有朋《やまがたありとも》、そして板垣《いたがき》退助がいた。

横浜から東京へと、たどりついたのは、二月二日だった。

六月二五日、西郷隆盛は参議《さんぎ》*3となり、正三位《しょうさんみ》のくらいを再びうけた。

「うどめ」の男が、またふたたび、政治のひのき舞台に立つことになったのだ。

二、廃藩置県《はいはんちけん》

西郷を迎《むか》えたとき、明治政府には、大きな課題があった。

*1 天皇《てんのう》の発する公式文書。　*2 明治時代に、大坂から大阪《おおさか》となった。
*3 当時、明治政治を動かす最高級の職。

江戸《えど》時代は全国にたくさんの藩《はん》があって、それぞれが領土をもって、領内の政治をおこなっていた。このかたちは、鎌倉幕府《かまくらばくふ》いらい七〇〇年近く続いてきた。

日本を一つにするためには、こうしたかたちを、すっかりやめないといけない。

とはいえ、廃止《はいし》を実行しようとすれば、各地の藩が反対する可能性があった。場合によっては、戦争になるかもしれない。日本が大混乱《こんらん》におちいるかもしれない。

無事にすすめるためには、実力のある指導者が必要だった。西郷《さいごう》が呼《よ》ばれた理由の一つは、そこにあったのだ。

では、長く続いてきた、藩というかたちを廃止することについて、西郷自身はどう考えていたのか。

「しっかりしたリーダーシップのもとで、国を一つにまとめる」

というのは、幕末《ばくまつ》において、西郷が一貫《いっかん》してめざした目標だった。

リーダーシップのとれない幕府を、最終的にたおす行動に立ちあがったのも、そのためである。

反対する旧幕府の勢力と戦争をおこない、みずから先頭になって、大転換《てんかん》を実現した。

その西郷隆盛《たかもり》に、藩を廃止する考えははっきりしていた。

七月一四日。東京にいたもと藩主《はんしゅ》（当時は藩知事）たちが集められて、藩をなくす方針《ほうしん》が政府から示された。

藩のあとは、地域《ちいき》のまとまりをあらわすだけの県を置く。それによって、しっかりした統一が果たせる。もう日本はばらばらではなくなる。

直後の二〇日、西郷は、鹿児島《かごしま》の有力者・桂久武《かつらひさたけ》[*1]に手紙を出して、

「島津《しまづ》の藩主から恩《おん》を受けた身として、しのびがたくはありますが、全国をひとつにして、公議《こうぎ》[*2]をもって国を運営すべきであると、はっきり思います」

そう自分の意見を伝えている。

「藩というあり方を、日本からきれいに洗《あら》い流すことで、ほんとうの新政府ができます」

*1 薩摩藩主《さつまはんしゅ》・島津《しまづ》家の一族で、明治維新《いしん》後は都城《みやこのじょう》県参事などをつとめた。西郷《さいごう》の親友でもある。
*2 みんなで公平な論議《ろんぎ》をつくして政治をおこなうかたち。

これが西郷《さいごう》の信じたことであった。

幕末《ばくまつ》からの行動の帰結が、この考えをみちびいている。

そして西郷は、同じ手紙のなかで、もし反対する藩《はん》があったら、

「いくさによって決することも、おそれません」

とまで書いている。たとえ出身の薩摩《さつま》藩であっても、抵抗《ていこう》すれば、自分が兵をひきいて討伐《とうばつ》するとまで、考えを伝えているのだった。

七〇〇〇名の御親兵《ごしんぺい》という、政府の強力な軍勢をひきいる西郷が、ゆるぎない態度をとった。

社会の根本的な変革《へんかく》であったにもかかわらず、藩の廃止《はいし》は、さしたる抵抗や混乱《こんらん》もなく、平和のうちに実現された。

まもなく、政府の中枢《ちゅうすう》にいた者の大半が、日本をはなれることになる。岩倉欧米《いわくらおうべい》使節団の出発だった。使節団の代表は岩倉で、大久保《おおくぼ》のほか、木戸孝允《たかよし》も加わった。廃藩置県《はいはんちけん》からわずか四か月しかたっていないのに、実力者がおおぜい、日本を留守にするというのだ。

「西郷さん、あなたが残ってくれれば安心だ。日本はおまかせ申す」

大久保がそう告げてきた。

幕末維新《いしん》の動乱《どうらん》のなか、いっしょに苦労を重ねてきた大久保からのたのみに、西郷は、

「よし、わかった」と、応じるしかない。

たいへんな責任を負うことになった。

(西郷という指導者が、政府の中心に、どっしりと座《すわ》っていてくれる。ならば、長期間にわたって日本を留守にすることもできる)

出かけるほうは、そう考えた。

岩倉使節団はまさに、「西郷だのみ」だったのである。

引き受けるほうの西郷は、桂久武《かつらひさたけ》への手紙のなかで、

「むずかしい留守番役で、苦労がたえないでしょう。背負《せお》わされた私《わたし》を、かわいそうだと思ってやってください」

と、心境を伝えている。

「温泉《おんせん》につかっているのとは大違《ちが》いだ。国を背負《しょ》うことになろうとは」

心のなかでそうなげいている西郷《さいごう》だったが、外から見たかれの姿《すがた》は、相変わらずの、茫洋《ぼうよう》としたものであった。

三、イギリスからの手紙

明治四年（一八七一）一一月一二日、四八人におよぶ岩倉《いわくら》の大使節団は、横浜《よこはま》を出発する。

西郷は親友の大久保利通《おおくぼとしみち》と、わかれのあいさつをした。

留守政府は西郷、板垣《いたがき》、大隈《おおくま》、江藤《えとう》新平、井上馨《いのうえかおる》らが動かす。筆頭者の立場にあったのは西郷だった。

事実上の「西郷政権《せいけん》」だといえる。

大久保にしてみれば、西郷と、かれがひきいる御親兵《ごしんぺい》の力があれば、政府への反《はん》乱《らん》が起こるおそれはない。

ただし使節団は、留守政府との間で、

「廃藩置県《はいはんちけん》にかかわることをのぞいて、できるだけ現状を維持《いじ》する」との約束を交わしていた。

勝手に政治をすすめないように、くぎをさしたのだ。

とはいえ、時代の動きは早い。

また、使節団は予定より滞在《たいざい》期間が長びいた。一〇か月くらいのところが、結局は、一年一〇か月も日本を留守にしたのである。

留守をあずかる西郷としては、使節団が帰るまで、なにもしないわけにはいかない。

それどころか、「西郷政権」は、新しい日本のために、重要な政策《せいさく》を、次々《つぎつぎ》と実行していくのである。

まず、士農工商の身分に分かれていた江戸《えど》時代のありようを撤廃《てっぱい》して、四民平等《しみんびょうどう》のきまりを押《お》しだした。

武士の特権《とっけん》をなくす一方で、農民には、土地を所有し、自由に耕作できるようにした。（幕府《ばくふ》時代にあった、田畑永代《えいたい》売買禁止令の廃止《はいし》）

差別されていた少数者が、国民として平等かつ自由に生きられるようにした。

お金で人間を売ったり買ったりする、悪い慣習を、禁止した。

以上は、ひとりひとりが尊重《そんちょう》されるという、近代社会の基本ルールの実現であった。

重要な改革《かいかく》はほかにもある。

国民誰《だれ》もが教育を受けることのできる、きまりを発した。（学制の発布）

もと藩《はん》兵からなる御親兵《ごしんぺい》から、国民誰もが参加する兵の制度に変える、きまりを示した。（徴兵令《ちょうへいれい》の布告《ふこく》）

以上は、近代社会をつくるにあたって、国民ひとりひとりがなすべきことのルール化である。

さらには次の改革を実施《じっし》している。

各地の府県に裁判所《さいばんしょ》を置いた。

国立銀行を開業させた。

新橋と横浜《よこはま》の間で、鉄道を開通させた。

電信[*1]を敷設《ふせつ》した。

こよみを、それまでの太陰暦《たいいんれき》[*2]から太陽暦《たいようれき》に変えた。

憲法《けんぽう》・民法の制定や、国会の開設に関して、準備をはじめた。


これらは日本の政治と社会のしくみを、一変させるものであった。

西郷《さいごう》の政府は、めざましい仕事をしたのである。

もちろんこれらは、以前から用意がなされていた。その意味では、「西郷政権《せいけん》」のみの成果ということはできない。しかし、トップの立場にあった西郷が「だめだ」といえば、どの政策《せいさく》もうまくすすまなかった。

＊1 文字・記号などを電気的な符号《ふごう》に変えてすばやく伝える装置《そうち》。
＊2 太陰暦《たいいんれき》は月の満ち欠けの周期をもとにしたこよみ、太陽暦《たいようれき》は太陽の動きをもとにしたこよみ。太陽暦《たいようれき》は西洋のやり方であった。

新しい時代へと日本が向かうのを、かれは必要とみとめていたのだ。

これらのうちで、太陰暦《たいいんれき》から太陽暦《たいようれき》への変更《へんこう》は、西郷《さいごう》にとっても影響《えいきょう》があった。太陽暦の採用は明治五年一二月三日だった。そのため、この日が明治六年一月一日となる。

二つのこよみでは、一か月の単位が違《ちが》うので、調整のための日数が生じた。西郷の誕生日《たんじょうび》は一二月七日だが、こよみが飛んで翌年《よくとし》になってしまった。


留守政府の西郷は、使節団の大久保《おおくぼ》と手紙のやりとりをしている。幼《おさな》いときからの仲間で、新しい世の中を、いっしょにつくった二人である。信頼《しんらい》のきづなは固い。

イギリスで工場を視察《しさつ》した大久保は、明治五年一〇月一五日、西郷に手紙を出して、視察の成果を伝えている。

「織りもの工場や紙すき工場、ガラス製作所、ビール工場のほか、造船所や製鉄所なども見てきましたが、どれも盛大《せいだい》です。イギリスがなぜ豊かで強いのかがわかりました」

工業の力に大久保は深い関心を示していた。

西郷のほうも、国内のようすを細かく伝えて、大久保への報告としている。

面白いのは、明治五年二月一五日、アメリカの大久保に出した西郷の手紙である。

「あなたの写真が届《とど》きました。いかにも醜態《しゅうたい》をきわめており、写真を撮《と》るのは、もうやめたらどうですか。気の毒千万《せんばん》というしかありませんな」

親友あてなので、遠慮《えんりょ》のないことを西郷は書いている。

西郷は写真が嫌《きら》いであった。実際、明治維新《いしん》の功労者であるにもかかわらず、西郷自身の写真は一枚《まい》も残されていない。有名な肖像画《しょうぞうが》は、明治政府がやとったイタリア人の画家・キヨソネが描《えが》いたものだ。

四、ぜいたくをしない人

参議《さんぎ》という高いくらいについたが、西郷は、えらぶることや、ぜいたくをすることをしなかった。

東京の家はみすぼらしく、一か月の家賃《やちん》は、当時のお金で三円だった。月給を五〇〇円ももらっていたにもかかわらず、生活費は一五円ですませた。

あとは困《こま》っている人にあげたりして、関心をもたなかった。

家には、住み込《こ》みで雑用をする学生や付き人がわずかと、大好きだった犬がいるだけ。

食べ物は、自分の前に出されたものなら、好き嫌《きら》いなく食べた。

ごうかな食事でなくともよい。むしろ、家の者や仲間の兵士たちと、大きな手おけをかこんで、そこに入れて冷やしたそばをいっしょに食べるのが、西郷《さいごう》には楽しかった。

また、こういう話が伝わっている。

ある日、弟の従道《つぐみち》が、汁《しる》の味付けに不満で、食事をこしらえた女性におこった。

それを見た兄・隆盛《たかもり》は、

「汁が甘《あま》いとか、からいなどは、人をおこるにあたいしない」

と言って、自分は平然と、その汁をすすった。

実際、西郷はえらくなっても、めったにおこることはなかった。

西郷とくらした書家・川口雪篷《せっぽう》は、

「一三年間いっしょに生活しましたが、お手伝いの者をしかる姿《すがた》は一度も見ていません」と、伝えている。

また、日常の西郷について、こうも語っている。

「ふとんのあげおろしや、戸のあけしめなどは、みんな自分でやっていました。もっとも、誰《だれ》かがやろうとすると、『自分でやるからいい』と、さえぎることも、なかったのです。まったくむとんちゃくで、自然なところがありました」

服装《ふくそう》もごく質素だった。ふるさと鹿児島《かごしま》のふだん着、粗《あら》いもめんの短い着物に、白もめんの兵児帯《へこおび》*をしめた服装で、東京でもずっと過ごした。

足には木のゲタをはいているだけ。

西郷はその姿で、皇室《こうしつ》がもてなす晩《ばん》さん会にも出かけた。

晩さん会が終わって、玄関《げんかん》まで行くと、たまたま、ゲタを出してくれる者がいなかった。なにしろ西郷は参議《さんぎ》である。大声を出して玄関番を呼《よ》べばすんだはずだ。


*子どもや青年が、和装《わそう》の普段着《ふだんぎ》に締《し》める帯。鹿児島《かごしま》で青年を兵児《へこ》というのが語源《ごげん》。

しかしかれはそれをしなかった。

しかたなく、はだしで外に歩きだした。ちょうど雨がふっていた。

門のところで、かれは門番に呼《よ》びとめられた。

「あやしい者だ、とまれ」

と言って、門番は、西郷《さいごう》の前に立ちはだかった。

「私《わたし》は参議《さんぎ》だよ」

おだやかにかれは言う。

しかし、あまりにみすぼらしい姿《すがた》ゆえに、門番はその言葉を信じない。

通してくれないのだった。

西郷はしかたなく、雨のなかを立ったままでいた。誰《だれ》か自分のことを証明してくれる人が来るまで、そこにいることにした。

しばらくすると、大臣の岩倉具視《いわくらともみ》が馬車に乗ってやってくる。

「こんなところで、なにをしているのですか」

岩倉は西郷にたずねた。

門番は、立派《りっぱ》な服装《ふくそう》の岩倉には、ぺこぺこする。岩倉は、

「この人は、西郷参議だよ」

と門番に言うと、西郷をつれて外に出た。門番はがくぜんとした。

西郷は、おこることがめったになかったし、誰かに迷惑《めいわく》をかけることを、やらないように心がけた人間だった。

ある人の家を訪《たず》ねたとき、門をたたかずに、ずっと外にいたこともあった。門をたたくことで、なかにいる家族の平穏《へいおん》な生活を、自分のために乱《みだ》してしまう。それを避《さ》けるためであった。

このとき西郷は、誰か出入りしてくる者があらわれるまで、ずっと門のところで待っていたという。


西郷は、子どもたちと過ごすのを好んだ。だから、教育をすることに、いつもとりくんでいた。奄美大島《あまみ》や沖永良部島《おきのえらぶじま》で、子どもたちを教育した話は、すでに紹介《しょうかい》している。

東京でも同じであった。

参議の身でありながら、家に一四、五歳《さい》以下の少年をあつめ、自ら教育する時間

をもった。

月に数回、時間を決めてあり、少年たちは次々《つぎつぎ》と集まってきた。

西郷《さいごう》は古典や物語を題材にして、かれらに談話をした。

どんなにいそがしいときも、子どもたちと過ごす時間をもうけて、西郷はこれを大事にしてきた。

子どもたちが喜ぶと思って、西郷は、おやつの時間には、カステラを二きれずつ出した。

すると、ある少年が、となりの少年のカステラ一きれに手をだした。

西郷はこれを見て、手を出した少年に、いつになく強い調子で注意をしたという。

「自分のやりたいことのために、他人に迷惑《めいわく》をかけるのは、人間としてあってはならない」

と、さとした。

西郷はまた少年たちに、日ごろから、

「礼儀《れいぎ》正しくあれ」

と、はっきりいましめた。

大人になるために、学問をして知識を得るにもまして、「礼儀」は大事なことだと考えたからだ。

授業の時間が夕方まで続いた日は、西郷は子どもたちに、夕ご飯を食べさせた。

薩摩汁《さつまじる》と米のめしだけの質素なものである。

それは西郷自身がいつも、家で食べていた食事だった。

五、征韓論《せいかんろん》

明治五年（一八七二）七月二〇日、西郷《さいごう》は陸軍元帥《げんすい》と、近衛都督《このえととく》に任命される。元帥は軍のトップである。近衛都督というのは、御親兵《ごしんぺい》に代えて設置された近衛兵の指導者だった。

近衛都督は山県有朋《やまがたありとも》がつとめていたが、その指導に近衛兵が反発した。あわや反乱《はんらん》かと思われる事態にまですすむ。山県は近衛都督からしりぞくまで、おいつめられた。

引き継《つ》ぐ者は、人望のある西郷しかいなかった。近衛兵にはもと薩摩《さつま》兵が四割《わり》以上いたことも、西郷を迎《むか》えるにふさわしい。

すでに政治のトップであり、さらに、軍のトップもともにつとめることになった。かれの責任はずしりと重い。めまぐるしい毎日となった。

先立つ同年五月二三日から、西郷は、天皇《てんのう》にしたがって西国をめぐる旅もしていた。一か月半にわたる長旅だった。天皇といっしょだったので、気くばりの苦労は、なみたいていではない。

ほかにも、前節で述べたように、日本の新しい時代のために、政府の中心になって重要な改革《かいかく》をおこなってきた。打ち合わせも多く、目が回るほどの日々《ひび》である。新時代をどう受け入れるかをめぐって、ふるさとの鹿児島《かごしま》では、島津久光《しまづひさみつ》が政府の西洋化政策《せいさく》に強いいかりをもちはじめた。なだめるために、西郷は、わざわざ帰《き》郷《きょう》することもあった。

加えて、軍のめんどうを見ることになったのだ。

明治六年五月一〇日には、元帥から陸軍大将《たいしょう》へとくらいの名が変わる。最高の地位であることに変わりはない。責任の重さも変わらなかった。

これでは体がもたない。明治六年五月のはじめになって、西郷はついに体調をくずす。

西郷は明治維新《いしん》という大転換《てんかん》にとりくんだ疲《つか》れから、もともと温泉《おんせん》で休んでいた身なのである。それが東京に呼《よ》ばれて、あっという間に、トップとして明治政府を動かす立場になった。日本は新しい国になったばかりで、あちこちで問題が起きていた。抵抗《ていこう》する国民も各地におり、事件があとをたたない。

過労のせいで体をこわすのも、無理はない。

肩《かた》と胸《むね》がいたんでしかたがなかった。かれは、東京の目黒にあった弟・従道《つぐみち》の家で休養につとめた。

明治天皇《てんのう》が心配して、ドイツ人の医者ホフマンを派遣《はけん》してくる。その診察《しんさつ》をうけて、いたみはだいぶやわらいだ。

当時、渋谷《しぶや》の先の駒場《こまば》は、広大な野原になっており、西郷《さいごう》はそこでウサギ狩《が》りをするようにした。鹿児島《かごしま》の親せきあての手紙のなかで、かれは、

「自然と歩くようになって、健康のためにいいと、ホフマンに言われました」

と、報告している。

また、ホフマンからは、

「雨の日は剣術《けんじゅつ》をするか、すもうをとるかして、運動をするように」

「食事は麦のご飯を少しずつとり、おかずはトリ肉料理など、あぶら気のないものに」

などと、すすめられていた。

こうしたとき、明治政府は新たに、たいへんな問題を、かかえることになった。西郷参議《さんぎ》の朝鮮《ちょうせん》派遣である。

隣国《りんごく》・朝鮮との国交を回復して、国どうしの関係を正常なものにすることは、明治政府がはじまった時期からの、課題の一つであった。

江戸《えど》時代は対馬藩《つしまはん》を通じての交流だったが、それもなくなっている。朝鮮は固く国の門をとざし、明治政府からの呼《よ》びかけにこたえようとしなかった。

それどころか、明治六年になると、日本人に対してきびしい態度に出るようになる。日本が利用していた釜山《プサン》の草梁倭館《チョリャンわかん》*の門の壁《かべ》に、日本人の名誉《めいよ》をきずつけるはり紙をするとか、生活に必要な物資を館内に運び入れるのを妨害《ぼうがい》するなどの、おこないがあった。

明治政府はこの問題への対応を話し合った。

板垣《いたがき》退助参議は、

「朝鮮はけしからん。兵隊を派遣して、その力をもって、交渉《こうしょう》にあたるのがよい」

*日本の出先《でさき》機関が入っている施設。

と、主張した。

西郷《さいごう》はこれに反対した。

「それでは、すぐ戦争になる。まずは使節を派遣《はけん》して、こちらから筋道《すじみち》を通して交《こう》渉《しょう》し、国交を正常化《せいじょう》するよう、朝鮮《ちょうせん》政府に説くべきだ」

そして西郷は、「朝鮮には自分が行って直接、説明したい。それができるように、応援《おうえん》してほしい」と、板垣《いたがき》にたのんだ。さらに、

「派遣団に対して、朝鮮はきっと、乱暴《らんぼう》なふるまいをするでしょう。そのときに初めて軍隊をおくるのです。むしろそれで、戦争をする名目が立ちます」

とまで伝えて、すぐさま出兵をすすめようとする板垣を説得した。

明治維新《いしん》のたたかいが終わり、兵士たちは目的を失っていた。かれらの活躍《かつやく》の場をつくるため、近隣《きんりん》への出兵をめざそうという考えがあり、板垣はこの立場だった。

気持はよくわかる。西郷も軍の指導者として、兵士の心理は承知していた。また兵士にしても、西郷に期待していた。

しかし、幕末《ばくまつ》以来、日本をめぐる危機《きき》を乗りきってきた西郷には、正当な理由もなく、国どうしの問題で武力を使用することに慎重《しんちょう》であった。

(なにより、私《わたし》が全権《ぜんけん》をもった派遣団長となり、朝鮮には礼をつくす。もしも、交渉の失敗から殺害されれば、それを口実にせよということで、板垣も納得《なっとく》してくれるはずだ)

これしかないと、西郷は決断した。

みずからを朝鮮へ派遣するこの方針《ほうしん》を、政府の意志決定の場である閣議《かくぎ》にかけるよう、西郷は、はらたきかけた。

八月三日には、太政大臣の三条実美《さねとみ》に対して、すみやかに閣議をひらくよう求めた。派遣決定を急がせるためであった。

八月一六日の夜、西郷は三条大臣の家に出向き、朝鮮派遣の決断をするよう、せまった。

三条は、「国にとって重要な問題だから、岩倉《いわくら》使節団が帰ってから、決めたい」という考えをもっていた。

しかし西郷は、

「戦争をはじめる、というわけではありません。あくまで話し合いに行くだけです」

と主張して、一歩もゆずらなかった。

（これまでも、現状維持《げんじょういじ》の約束にこだわらず、なすべきことは実行してきた。軍をあずかる立場からも、私《わたし》の判断は尊重《そんちょう》してほしい）

こうした考えが、強い意志となって、西郷《さいごう》の行動をささえていた。

翌《よく》一七日、ついに閣議《かくぎ》はひらかれた。すでに板垣参議《いたがきさんぎ》などの協力は得ており、会議の方向は決まっていた。

三条も折れて、西郷派遣《はけん》が決定した。

やがて岩倉《いわくら》使節団が帰国する。

世界のようすを見てきた使節団のメンバーは、西郷派遣の方針《ほうしん》に反対した。工業がすすんだ欧米諸国《おうべいしょこく》の姿《すがた》を見て、日本はまず、国を豊かにするほうに専念《せんねん》すべきだと考えた。

戦争にもなりかねない朝鮮《ちょうせん》への派遣など、やっているときではない。岩倉具視《ともみ》はこうした考えをはっきり示した。

しかし、日本にいて政治をささえてきた西郷の考えもまた、ゆらぎはしない。その意志は固かった。

大久保利通《おおくぼとしみち》は、悩《なや》みに悩んだ。友人として西郷との間には信頼《しんらい》のきずながある。なんとか西郷の味方になりたい。

しかし大久保は、欧米から帰ってきて、岩倉の考えのほうが、日本にとってふさわしいとみとめていた。

それに、交渉《こうしょう》が失敗すれば、西郷は朝鮮で死ぬかもしれない。かけがえのない親友にして、かけがえのない指導者を、いま失ってよいはずはない。

実際、西郷は死ぬ覚悟《かくご》をしている。自分の命など、差し出してかまわないと思っていた。

そういう気持の西郷だから、なおのこと、朝鮮へ行かせるわけにはいかないのだ。

「閣議で、西郷と対決する」

悩み抜《ぬ》いたのち、大久保はそう決心した。

かくして、大久保も参議として加わった閣議が、一〇月一四日にひらかれる。はげしい言い合いになった。

長年にわたって、友情を築いてきた大久保だったが、いくら説明しても、「だめだ」をくり返す西郷に、

「だったら勝手にしろ」と、突《つ》きはなすしかなくなった。

論議《ろんぎ》は紛糾《ふんきゅう》して決定ができず、翌一五日にもちこされる。

その日、西郷派遣《さいごうはけん》は八月一七日に一度決まったことであるから、すでに正当なものだと確認《かくにん》された。ついに閣議《かくぎ》は、

「陸軍大将《たいしょう》にして参議《さんぎ》の西郷隆盛《たかもり》を、朝鮮国《ちょうせん》に派遣する」と、決定したのである。

西郷の筋書《すじが》きの通りだった。

しかし、ここから岩倉《いわくら》や大久保《おおくぼ》らの、はげしい巻《ま》き返しがはじまった。

一五日の閣議決定について、その実施方針《じっしほうしん》を決める次の閣議が、一七日にひらかれた。

反対を主張した大久保は、木戸とともに参議の辞表を出した。続いて、岩倉も右大臣の辞職の意を伝える。

きびしい反対派《はんたいは》の動きにあって、三条大臣は、板ばさみである。

追いつめられた三条は、一七日の夜に岩倉と会い、話し合った。しかし岩倉は、考えを変えるつもりがまったくない。

西郷をとるか、岩倉をとるか――。結局、三条は、どちらもできなかった。

対立を解消させる手立てもないまま、三条は引きこもってしまう。

ここで岩倉が反撃《はんげき》に出た。

太政大臣の三条がいなくなれば、右大臣の岩倉が、天皇《てんのう》に会えるただ一人の存在《そんざい》となる。

二二日、西郷は、岩倉と会って、

「朝鮮への派遣は、もう閣議で決まったことだ。明日には、天皇にみとめてもらうように」

と、厳重《げんじゅう》に申しこんだ。しかし、岩倉は、

「私《わたし》の考えは違《ちが》う」と、反論《はんろん》した。

西郷はおこって、その場を立ち去った。

二三日、岩倉は、「使節派遣は、結局、戦争を招きます。いまはなりません。国力をつけてからというのが順番《じゅんばん》です」

という意見（上書）を天皇に提出し、明治天皇はこれをみとめたのである。

朝鮮への派遣は中止となった。西郷の敗北だった。

使節派遣がしりぞけられるとわかった西郷は、岩倉の上書が提出された二三日、胸《むね》のいたみを理由に、参議《さんぎ》、陸軍大将《たいしょう》、近衛都督《このえととく》の辞表を出し、ただちに政府を去る。

（命をかけて、おこなおうとした派遣《はけん》が否定《ひてい》されたのなら、もはやとどまる理由はない）

西郷《さいごう》は、できて間もない明治の世は、多くの志士《しし》や兵士たちの犠牲《ぎせい》のうえに成り立ったと考えていた。ゆえに、失われた者たちの 志《こころざし》に恥《は》じないように、筋《すじ》を通すべきだという信念をもって運営してきた。だからこそ、朝鮮《ちょうせん》問題ではまず、条理を尽《つ》くす交渉《こうしょう》が先決だと判断したのだ。それは西郷にとって一貫《いっかん》したものだった。

しかし、西郷派遣の方針《ほうしん》は、卑怯《ひきょう》とも思える方法によって、くつがえされた。政府を去るのに、もはや迷いはなかった。

西郷の主張を支持していた、板垣《いたがき》退助や江藤《えとう》新平ほか四参議も、いっせいに辞表を出す。

政府は分裂《ぶんれつ》してしまった。

西郷はその日のうちに、付き人の小牧新次郎《こまきしんじろう》と熊吉《くまきち》をともなうだけで、東京・日本橋の家を出る。

「ちょっとそのへんまで、釣《つ》りをしてくる」

とでも言いたげなようすだった。

かれは隅田川《すみだがわ》の上流にあった、米問屋《とんや》の別荘《べっそう》におち着き、二、三日ゆうぜんと過ごす。そして、

「さて、行くとするか」と立ちあがる。

二八日にはもう、横浜《よこはま》から船で出発して、鹿児島《かごしま》へと向かっていた。

篠原国幹《しのはらくにもと》、桐野利秋《きりのとしあき》ほか、西郷をしたう鹿児島出身の軍人や役人が、いっせいに辞職して、同じように鹿児島へ帰っていく。

残された大久保利通《おおくぼとしみち》は、事態の急変と、ここまで苦労をともにしてきた大事な親友を失ったことに、ただ、ぼうぜんとするしかなかった。

(大久保どん、あとはおたのみ申す)

そういう西郷の声が、耳元にまでとどくような気がした。

六、私学校《しがっこう》

ふるさとについた西郷《さいごう》は、なつかしい実家の屋敷《やしき》でくつろいだ。戊辰戦争《ぼしんせんそう》のあとの明治二年、武村《たけむら》に買い求め、一家で移り住んだ家である。西郷隆盛《たかもり》にとって、そこは、最初の下加治屋《しもかじや》町の家、二軒《けん》目の上之園《うえのその》町の家に続く、三軒目の家にあたる。二棟《とう》がなかでつながるのは、鹿児島《かごしま》でよくある屋敷のかたちで、四本の大きな松が遠くからも見え、目じるしとなった。

ふるさとの家に帰ってきたときの心境を、かれは漢詩に書いている。現代の言葉にすると、次の意味となる。

幾年《いくとし》か政治にたずさわっていたときは、
はげしい波のなかを、小さな船ですすむに似《に》た、めまぐるしい日々《ひび》であった。
その日々が過ちであったのは、鋤《すき》をとって、たがやすことで覚った。
残りの人生は、読書にふけることで送るもよいだろう。

山のタヌキやウサギになったかのように、のん気でいられる。

いなかぐらしにもどった西郷は、つい先ほどまで、西郷参議《さんぎ》、西郷大将《たいしょう》と呼《よ》ばれた人物とは思えないほど、ごくふつうの農民になりきった。

ある日、薩摩《さつま》のサムライだった男が、通りがかった。

下駄《げた》の鼻緒《はなお》が、切れてしまったのだ。

近くを見ると、一人の大がらな農民が、肥料になるこやし桶《おけ》をかついで、てくてく歩いている。

「おい、おい」

男はその農民を呼びとめた。

「なんのご用事で」

農民は、肩《かた》にかついだ桶をおろした。

「この鼻緒を直してくれ」

サムライだった男は、命じるようにそう言った。

江戸《えど》時代には身分があって、サムライは、見知らぬ相手でも、農民ならばしたがわせることができた。

とはいえ明治時代となり、身分制度がなくなって、国民はみな平等のはずである。しかし地方では、古い考えのままでいた人間も多かったのだ。

「わかりました」

西郷《さいごう》はすなおにしたがった。男の下駄《げた》を、道ばたで直してあげたのだ。

あとになって、このときの農民が西郷だったことを知り、男は平あやまりにあやまった。

「いやいや、自分が誰《だれ》かを言わなかった、私《わたし》のほうが悪いのだ」

西郷はそう言葉を返して、笑うだけであった。


まったくの、いなか者になりきった西郷である。

それなのに、まわりの者たちは、またも、ほうっておいてはくれない。人びとはかれをたのみとし、かれの指導を期待していた。本人は農民として静かにくらしたい、とねがっても、自然とかつぎあげられてしまう。

西郷とともに辞職して東京を去った者は、かなりの数にのぼった。かれらは故郷《こきょう》鹿児島《かごしま》で、いきどおりを深くするばかりだった。

鹿児島にとどまらない。このときの日本は、不満が全国にひろがっていた。

明治政府は、欧米《おうべい》の国にいそいで追いつこう、とばかりに、古い制度を次々《つぎつぎ》とこわしていく。それによって、

「自分たちは、もう用済《ようず》みだというのか」

と、受けとる人間が、日本各地にふえていたのだ。

西郷自身は、日本を新しくすることをすすめなければ、世界のなかで独立して国を運営していくことはできない、と考えていた。

そうではあったが、西郷は一方で、新しい国づくりのなか切りすてられていく人びとへ、同情心もいだいていた。

「みんなを困《こま》らせないような、もう少し、うまいやり方はないものか」

こうした疑問《ぎもん》はかれのなかに、大きく育っていた。

西郷には、人びとの思いを一つにまとめる力があった。そうしたかれのもとへ、人びとのほうも自然と思いをよせてくる。

明治維新《いしん》の実現までは、「希望」が集まった。朝鮮派遣《ちょうせんはけん》問題にやぶれて、政府を

きっぱりやめる行動をとった明治六年末以降《いこう》では、「不満」が集まったのだ。

「西郷《さいごう》さんなら、われわれのいかりをわかってくれる」

と、多くがうけとめ、

「いまの政治をこらしめてくれる」との思いが、ふくらんできた。

とりわけ、地もとの鹿児島《かごしま》では、不満の声が日ましに大きくなり、西郷への期待も、そのぶん高まった。

実際、西郷の参議《さんぎ》辞任とともに帰ってきた者たちはみな、することもなく、くすぶっていた。いら立ちから、暴力的なふるまいも目立ってくる。

それゆえに、町が混乱《こんらん》していた。

もと兵士たちのようすは、いろいろな人が、西郷に伝えてくる。

話を聞くたびに、西郷はぐっと考えこんだ。

「気持はわかるが、乱暴《らんぼう》はいかん。町の人びとを不安がらせるなど、もってのほかだ」

かれらを、このままにしておくわけにはいかない。

なにかいい手はないものか。

「かれらの精神修養のために、学校をつくったらどうでしょうか」

事態を見かね、もと兵士の将来《しょうらい》を心配した旧近衛《このえ》兵の一部が、ある日、西郷にそう提案してきた。

いつもは、ただゆうぜんと、話を聞いているだけだった西郷が、めずらしく身を乗りだした。

「学校か。人材の育成はいま必要だな」

これまでにも子どもの教育によくとりくんでいたから、興味をかき立てられたのだ。

「国がつくる学校ではない。あくまで自分たちの教育機関だから、私学校《しがっこう》だな」

西郷はそう言い、賛成だと伝えた。

かれをしたう人びとが集まり、計画はさらに練《ね》りあげられていく。

「銃隊《じゅうたい》学校を、旧うまや跡《あと》*につくり、もと近衛兵を集めましょう」

「同じ場所に、砲兵《ほうへい》学校もつくりましょう。砲兵出身者はそこに集めるとよい」

＊鶴丸城《つるまるじょう》のうまやだったところ。現在の鹿児島県庁《かごしまけんちょう》の裏手《うらて》。

この二つの学校が、基本をなす。監督者《かんとくしゃ》は銃隊《じゅうたい》学校が篠原国幹《しのはらくにもと》、砲兵《ほうへい》学校が村田《むらた》新八《しんぱち》と決まった。

これら本校以外に、地域《ちいき》ごとに分校*1をつくっていく方針《ほうしん》も示された。

さらに、

「軍の士官を養成のための幼年《ようねん》学校を、照国神社前に設立する」

「郊外《こうがい》に、農業をしながら、学業をおさめさせる吉野開墾社《よしのかいこんしゃ》を設立する」

との構想が示される。

鹿児島県令《かごしまけんれい》*2の大山綱良《つなよし》の協力も得て、これらの計画は、すべてがまもなく実現した。

（血気さかんな者たちを落ちつかせ、もし国に一大事があれば、すすんで兵士として参加できるようにさせたい）

そうした西郷《さいごう》の考えが、独自の地方教育組織にむすびついたのだ。

かれ自身は、特別な役職にはつかず、一指導者として関わるのだが、かれをしたう人びとの気持がひとつになって、私学校《しがっこう》はできあがったのである。

中心となる銃隊学校と砲兵《ほうへい》学校の本校は、明治七年（一八七四）六月からはじまった。

満四六歳《さい》の西郷は、私学校の生徒のために、みずから綱領《こうりょう》*3を書いて、示した。書き出しは次の言葉である。

「道を同《おな》じく義《ぎ》和《わ》協《かな》うを以《もっ》て暗《あん》に聚合《しゅうごう》せり」

〈すすむべき道を同じくし、守るべきおこないをともにする者たちが、心と心で通じ合ってここに集まった〉

なお、この私学校は、新しい時代に応じた面もあった。

授業科目に江戸《えど》時代からの漢文はあったが、英語やフランス語もあった。外国人教師がおり、語学のほかに、植物学や工学、医学などを教えていた。

イギリス人医師のウイリアム・ウイリスを雇《やと》うとき、西郷がずいぶん力になったことは、よく知られている。

私学校は、生徒を選抜《せんばつ》して、ヨーロッパに留学させたりもした。

*1 分校は最終的に、鹿児島県《かごしまけん》内一三六校にひろがった。 *2 県の長官。
*3 最も大切な点を言葉にしたもの。

七、開戦前夜

明治八年（一八七五）四月。西郷《さいごう》は従弟《いとこ》の大山巌《いわお》への手紙に、

「犬の首輪の見本がとどきました。ありがとう」

と、書いている。大山は当時、政府軍の陸軍少将《しょうしょう》だった。

ぜいたくをせず、高価なものには興味をもたなかった西郷だが、見本のお礼とともに、

「四つ五つ、送ってください」

と、大山にたのんでいる。

大好きな犬にだけは、ちょっとふんぱつしたのだ。

その手紙のなかで、西郷は、

「フランスとプロシア*は仲たがいのようですね。ヨーロッパはどうなるのか。そうしたなか、出かけられるのは、さぞかし楽しみでしょう」

とも書いている。じつは大山から、

「いっしょにヨーロッパへ、行きませんか」

と、さそわれていたのだ。西郷は、

「今年は、開墾社《かいこんしゃ》を立てて、生徒を教える仕事があります。とても遠くまではいけません」

と、ことわっている。

私学校《しがっこう》と関連する吉野《よしの》開墾社である。

こうした教育組織は、あくまで精神をきたえ、学問をおさめるところだった。

しかし、政治に不満をもつ者が集まり、軍事的な訓練までしているのだから、明治政府としては、おだやかではいられない。

(しかも、あの西郷が背後《はいご》にいる)

それを思い、大久保《おおくぼ》ら政府の人間はおそれ、おののいた。

大山を通じたヨーロッパ行きのさそいも、西郷を私学校から離《はな》れさせようとする、明治政府のくわだてであった。

＊ドイツのこと。

それを西郷《さいごう》はことわっている。

鹿児島《かごしま》では、私学校《しがっこう》の影響力《えいきょうりょく》は、あっという間に大きくなった。地域《ちいき》の区長は、ほとんどが私学校関係者で占《し》められた。

「もはや鹿児島は、独立国のようだ。明治政府のいうことを聞かない。」

政府の指導者は、ますます恐怖感《きょうふかん》を強めた。

私学校のほうでも、結束が強まるとともに、政府への反感は高まるのだった。

そうしたなか、明治九年八月に、政府は士族たちの家禄《かろく》*を整理しはじめる。

しかも、先立つ同年三月に、政府は廃刀令《はいとうれい》を出していた。「刀《かたな》をもつことを禁じる」としたのである。

刀は「武士の魂《たましい》」とまでいわれる。それを取りあげようとする政府に、かつてのサムライたちは、いきり立った。

なかでも、戊辰戦争《ぼしんせんそう》で活躍《かつやく》したほうの、九州や山口県（もと長州藩《はん》の地）の旧士族たちが、いかりを爆発《ばくはつ》させた。

（おのれ、明治政府のやつらめ。誰《だれ》のおかげで、おまえたちが、政治の中心に立てたと思っているのか）

という思いもあって、過激化《かげき》した一部が、ついに反乱《はんらん》を起こす。

熊本県士族《くまもとけん》による神風連《じんぷうれん》の乱《らん》。

福岡県《ふくおかけん》士族による秋月の乱。

山口県士族による萩《はぎ》の乱。

これらは、明治九年の一〇月、立て続けに起こっている。

どれも小規模《きぼ》なもので、すぐ政府の軍勢に鎮圧《ちんあつ》された。しかし、反乱が実際に起きたことは、決定的な出来事であった。

西郷は日当山温泉《ひなたやまおんせん》にいて、こうした反乱の知らせを聞いた。一一月に、

「愉快《ゆかい》の報を得ました。各地で続くでしょう」

と、信頼《しんらい》あつい友人・桂久武《かつらひさたけ》あてに書いている。その手紙のなかではまた、

「急いで帰ると、私学校の連中が騒《さわ》ぎ立てるでしょうから、こちらのふるまいは慎《しん》重《ちょう》にします。けれども、一度動いたならば、世の中が驚《おどろ》くことをするつもりです」

と、自分の考えを伝えてもいる。

＊特権的《とっけん》に支給された給与《きゅうよ》。

すべてが一つの方向へ西郷《さいごう》を導いていくようだった。もはや、あと戻《もど》りはできないのかもしれないと、かれは感じていた。

鹿児島《かごしま》では不満の火だねが、あつくなっている。

なにかきっかけがあれば、ボッと燃えあがる寸前《すんぜん》であった。

政府もふくれあがる力をおそれ、対決の姿勢《しせい》を見せていた。

緊張《きんちょう》が続くなか、ついに事態が動く。政府のほうが、断固たる態度に出た。

明治一〇年（一八七七）一月の終わり、汽船・赤龍丸《せきりゅうまる》を送って、鹿児島にある、政府軍の武器弾薬《だんやく》を他の場所にうつそうとしたのだ。私学校《しがっこう》の勢力にうばわれると、たいへんなことになるからだった。

私学校の者たちは、これにおこった。陸軍火薬庫を襲撃《しゅうげき》して、逆に、武器弾薬をうばってしまう。

そのとき、もう一つ、事件が起きた。

東京の警視庁《けいしちょう》から派遣《はけん》された警部《けいぶ》をとらえ、尋問《じんもん》*していた私学校の者が、この警部の口から、とんでもない言葉を聞いたのだ。

「われわれが鹿児島に来た目的は、西郷隆盛《たかもり》を暗殺することだ。西郷がいなくなれば、反乱《はんらん》はできまい」

これを聞いて、私学校の者たちのいかりは、ふっとうした。

(おれたちの西郷先生は、明治維新《いしん》の最大の功労者ではないか。その先生まで、なき者にしようとするとは。明治政府の横暴には、もうがまんがならない)

たたかう気持が、あかあかと燃えてくる。

「よし、立ちあがろう」

「よし」

「おれもだ」

私学校の生徒は口ぐちに言いあった。


鹿児島の騒動《そうどう》は、まもなく日当山《ひなたやま》にいた西郷の耳に入った。

伝えてきたのは弟・小兵衛《こへえ》である。

＊問いただすこと。

（しまった）

西郷《さいごう》は、まっさきに、そう思った。はやる若者《わかもの》たちが明治政府の挑発《ちょうはつ》に乗せられてしまった、と思ったのだ。

西郷の言葉に、「文明とは道のあまねく行われることをいう」というものがある。

「文明というのは、立派《りっぱ》な建物や、はなやかな服装《ふくそう》など、外から見えるものをいうのではない。慈愛《じあい》の心をもとに人びとに接する道があってこそ文明である。そうでなければ、野蛮《やばん》というべきだ。鉄道をしいたり、盛大《せいだい》な機械じかけをつくるなど、いちいち欧米《おうべい》の外観ばかり真似するのはおろかなことだ」という意味合いだった。

（『西郷遺訓《いくん》』より）

こうした考えをもっていた西郷には、みずからが中心となってつくり、育てた明治という世の中に対して、「これで文明といえるのか」という疑問《ぎもん》も生じていた。それは矛盾《むじゅん》する気持だった。

矛盾をいだいたまま、かれは動き出す。のん気ないなかぐらしを捨《す》て、私学校《しがっこう》の者たちのために、事件のただなかへ向かうことを決心した。

いきどおる人びとを捨てておけず、明治政府への反抗《はんこう》という行動にすすんでいくのだった。

「たいへんなことになった。待っていろ、おれが行く」

西郷は大急ぎで身じたくをする。

私学校についたかれは、県令《けんれい》・大山綱良《つなよし》も招いて、みんなで話し合うことにした。

論議《ろんぎ》は白熱し、しだいに、話はひとつにまとまってきた。

「政府の横暴なやり方を正すべきです」

「出兵しましょう」

一同を代表して、桐野利秋《きりのとしあき》が、みんなの気持を口にした。

「先生を押《お》し立てて、すすむしかありません」

政府との対決になる。しかし、もえあがった炎《ほのお》は、もはやおさえることはできない。

(ここまで来たら、みんなと運命をともにするだけだ)

政府への反抗はうまくいくとはかぎらないと、わかっていながら、西郷は、自分をしたって集まった人びとの「思い」を尊重《そんちょう》した。

ここまできたら、かれらの「思い」を代弁する役割《やくわり》を、買って出ようとハラをくくった。

そうした人間性こそ、西郷《さいごう》への信望を生んだ。

一方で、悲劇《ひげき》を生んだともいえるかもしれない。

かれは一同を、「うどめ」でぐるり見わたしたのち、こう言った。

「では、私《わたし》の一身は、おまえたちに差しだそう」

そして、大山県令《けんれい》にはっきり告げた。

「私学校《しがっこう》の人びとをひきつれて、東京へ向かう」

まだ戦争ではない。西郷は、「政府を問いただす」という名目を立てた。

私学校の兵士がぞくぞく北上をはじめる。西郷自身が鹿児島《かごしま》を出発したのは、明治一〇年二月一七日だった。

この日、鹿児島ではめずらしく大雪がふった。

八、熊本城《くまもとじょう》のたたかい

問いただすためだといっても、兵が動いている。

鹿児島と対決する態度を固めていた政府は、すぐさま軍隊の出動をおこなう。

そしてただちに、

「西郷の軍を討《う》て」という詔《みことのり》＊を公布した。

もうあとにひけない。ここに西南戦争がはじまった。

西郷軍は北上を続け、熊本城をめざす。政府軍の重要な拠点《きょてん》であり、この城《しろ》を陥《かん》落《らく》させれば、たたかいは、がぜん有利となる。

二月二二日、熊本に進入した西郷軍は城を包囲し、はげしく攻撃《こうげき》した。

政府軍は、立てこもって抵抗《ていこう》する。天下の名城《めいじょう》とよばれるだけあって、なかなか落ちない。

まもなく小倉から、政府軍の支援隊《しえんたい》がやってきた。その連絡《れんらく》をうけた西郷軍は、一部をさいて、小倉隊を迎《むか》えうつ。

熊本城《くまもとじょう》北部の植木で、両軍は激突《げきとつ》した。

＊天皇《てんのう》の言葉。

西郷《さいごう》軍は、小倉隊を、さんざんにうちやぶった。

続いて、近くの木葉《このは》地区でも、両軍がぶつかる。ここでも西郷軍が勝利した。

「おう、おう！」

勝った兵士たちは、おたけびをあげた。


反乱《はんらん》に立ちあがった西郷軍のもとに、ぞくぞくと部隊が参加してくる。

「この日を待っていた」

「とうとう西郷先生が、立ちあがってくれたか。こんなにうれしいことはない。たたかいに加わらせてほしい」

各地から、兵が集まってきたのだ。

そのなかには、増田宋太郎《そうたろう》のひきいる中津《なかつ》隊があった。豊前《ぶぜん》*1中津藩《はん》の旧藩士《はんし》が隊員である。

増田は福沢諭吉《ふくざわゆきち》の親せきで、慶応義塾《けいおうぎじゅく》に学んでいる。その後、新聞の編集長などもつとめたジャーナリストであった。

増田は西郷軍参加のさいに、西郷隆盛《たかもり》本人と会って、感激《かんげき》をふかくした。

「一日先生に接すれば、一日の愛が生まれます。三日先生に接すれば、三日の愛が生じます。いまでは、先生と生死をともにすべく、決心しています」

と、かれは語り、最後まで西郷とともにたたかう決心をした。

また、熊本《くまもと》の宮崎八郎《みやざきはちろう》らは協同隊を結成して、西郷軍に参加している。

この部隊は、フランスの思想家、ジャン・ジャック・ルソー[*2]の考え方をとりいれ、選挙によって幹部《かんぶ》を決めていた。

もはや、鹿児島《かごしま》・私学校《しがっこう》の勢力だけではない。

さまざまな力を、西郷軍は集めていたのだ。

西郷軍には、最高幹部の一人に村田新八《むらたしんぱち》がおり、岩倉《いわくら》使節団に加わって欧米《おうべい》を見てまわった人物だった。

ジャーナリストや、民主主義の考えをうけた者、欧米を視察《しさつ》してきた者と、新しい時代にふさわしい人材も、西郷軍には加わっていたのである。

＊1 九州北部。　＊2 一八世紀に人民主権《しゅけん》の考えを示した。

西郷軍《さいごう》は、一部を熊本城《くまもとじょう》の包囲に残して、こんどは城《しろ》の北西・高瀬《たかせ》へ軍をすすめ、政府軍とぶつかる。

ここでも、たいへんな激戦《げきせん》となった。やがて、武器や兵力が足りなくなった西郷軍は、一度、しりぞくことになる。

この高瀬のたたかいで、西郷は、悲劇《ひげき》にみまわれた。弟・小兵衛《こへえ》が戦死してしまったのだ。

吉二郎《きちじろう》に続いて、かけがえのない弟を、隆盛《たかもり》はまた戦場で失った。兄は、深いかなしみにつつまれた。

高瀬のたたかいのあと、両軍はしばらく、にらみ合いとなる。

西郷軍は、軍勢を整えて、熊本城の北方一〇キロ離《はな》れた山岳《さんがく》地帯にある田原坂《たばるざか》へと、移動していく。そこで政府軍を迎《むか》えうつことにした。

三月三、四日。田原坂で両軍が激突《げきとつ》する。弾丸《だんがん》が数十万発とびかうほどの、たいへんな戦闘《せんとう》になった。

なかなか決着はつかない。

西郷軍の兵士は、思うぞんぶん戦場を駆《か》けまわった。政府軍の戦死者は、一五日の一日だけで、一〇〇〇名に達したほどである。一方、西郷軍も、二〇〇名をこえる犠牲者《ぎせいしゃ》を出した。

三月一二日、西郷は陣中《じんちゅう》から、大山県令《けんれい》に手紙を出した。

「たたかいは、わが軍の優勢《ゆうせい》にすすんでいます」

と報告し、

「自分としては、勝ち負けを問題にしているわけではありません。ものごとの筋道《すじみち》を、政府にただしているのです。私《わたし》自身は、まちがいをただすなかで、たおれることも覚悟《かくご》していています。そのへんは、ぜひ、おくみとりください」

と、心のうちを伝えている。

三月二〇日。田原坂のあたりは大雨になった。

政府軍は不意をついて、反撃《はんげき》のために猛攻撃《もうこうげき》をかける。雨のなかで急に戦闘がはじまり、西郷軍はじりじりと後退した。

両軍の激闘《げきとう》に継《つ》ぐ激闘のはてに、西郷軍の陣《じん》どる田原坂がついに陥落《かんらく》する。

三月二一日には、政府軍の援軍《えんぐん》がこんどは南よりの八代《やつしろ》から上陸する。西郷軍の別府晋介《べっぷしんすけ》は八代に出陣《しゅつじん》して政府軍を襲《おそ》った。四月はじめのことである。

政府の援軍《えんぐん》は充分《じゅうぶん》に整備されており、たたかいは西郷《さいごう》軍に不利であった。別府《べっぷ》ひきいる軍勢は奮戦《ふんせん》したが、ついに退却《たいきゃく》せざるをえなくなる。別府自身も重傷《じゅうしょう》を負った。

この結果を知った西郷は、本営から人を送って、別府を見舞《みま》った。兵力が乏《とぼ》しいなかでのたたかいだったことをふまえ、

「負けいくさを気にすることはない。まずは治療《ちりょう》して、体を回復してほしい」

と、伝えた。この言葉に別府は感動した。

「どんな良薬にもまさり、すっかり苦痛《くつう》を忘《わす》れた」

と、かれは語っている。

政府軍は大軍となり、熊本城《くまもとじょう》をめざしてすすんだ。ひきいるのは黒田清隆《きよたか》である。西郷軍と各地で戦闘《せんとう》を交えながら、四月一五日、黒田隊は、ついに熊本城への入城《にゅうじょう》をはたすのだった。

前と後ろに敵をむかえる不利をさとった西郷軍は南下をはじめ、四月末になって、新たに人吉《ひとよし》*1を本部と定める。

政府軍がしだいに優勢《ゆうせい》となっていた。しかしまだ、薩摩《さつま》・大隅《おおすみ》・日向《ひゅうが》の三地域《ちいき》は、

西郷軍が支配している。人吉から豊後《ぶんご》[2]南部にかけて、西郷軍の力はいぜんとして強い。

九、脱出《だっしゅつ》

人吉の西郷軍は、

「道路に陣《じん》をかまえたり、乱暴《らんぼう》をはたらいたりして、民衆《みんしゅう》を困《こま》らせてはいけない」

と軍に命令を出した。西郷の考えが反映《はんえい》している。

かれはまた、西南戦争のさなか、兵士たちにこうさとしている。

「戦地を広げると、田畑を荒らし、民家を焼いて、人びとの苦しみとなる。戦地を広げてはならない」

西郷軍の姿勢《しせい》を知って、民衆はかれらの味方になった。にぎりめしをつくって、

＊1 熊本県《くまもとけん》南部。　＊2 現在の大分県。

兵士にとどける農民もいた。

兵士たちと一緒に西郷《さいごう》もそれを食べて、

「農民の心意気をもらって、はらいっぱいだ。よし、またたたかうぞ」

と、あらためて意気ごんだことだろう。

対する政府のほうは、船で兵士や武器を送り続ける。次々《つぎつぎ》と援軍《えんぐん》が加わり、政府軍の勢いは大きくなる一方だった。

西郷軍にしても、たたかう気持は充実《じゅうじつ》していた。しかし、武器の欠乏《けつぼう》がはなはだしかった。弾丸《だんがん》の代わりに、敵に石を投げる者さえあらわれた。

たたかうたびに兵士の数もへる。西郷軍には、抵抗《ていこう》する力がしだいに落ちてきた。

そうなった西郷軍は、以後、負け続けとなる。

五月三日。政府軍は人吉《ひとよし》への攻撃《こうげき》を開始する。圧倒《あっとう》的な政府軍の力に押《お》されて、西郷軍は退却《たいきゃく》し、二九日、宮崎《みやざき》へ向かって動きだす。

六月一日、政府軍はついに人吉を占領《せんりょう》した。

その間に、鹿児島《かごしま》にも政府軍が上陸し、六月二五日には市内へ突入《とつにゅう》する。ついにふるさとが敵の手にわたったのだ。

一方の西郷軍は、宮崎の太平洋ぞいをすすみ、北へ移動を続けた。

八月六日になって、西郷は、隊長たちにこう伝えた。

「たたかいも半年におよんでいる。こちらの兵はしだいに少なくなり、敵は大軍である。しかし、たたかいは多い少ないではない。いっそう奮発《ふんぱつ》して、前進するがよい」

負けいくさが続くなかで、かれは味方の兵に向かって、

「元気を失ってはいけない」

と、勇気づけたのである。

しかし、西郷はひそかにこうも考えていた。

(大事な青年たちだ。これ以上、犠牲者《ぎせいしゃ》は生まないようにしなければならない)

日向の北へ北へと追いつめられた西郷軍は、ついに長井《ながい》という小さな農村に追い込《こ》まれる。政府軍がぐるり、とりかこんでいた。

陣《じん》のなかで、西郷はいつもやるように、目をつぶり、じっと考えていた。

かれは考えぬいていた。

そして八月一六日、兵士たちを集め、ついにこう宣言《せんげん》する。

「みなの衆《しゅう》、ここまでよくついてきてくれた。ただわれわれは、もう充分《じゅうぶん》にたたかった」

西郷《さいごう》はいつものように、「うどめ」でみんなを見わたし、ゆっくりと語った。

「わが軍は、ここで解散する」

兵士たちはびっくりした。

西郷はおだやかな口調で続けた。

「政府軍に降伏《こうふく》する者は、そうしてほしい」

兵士はおし黙《だま》った。西郷もそれ以上、しゃべらなかった。

(降伏は、はずかしいことではない。ここまでたたかったのだ。命をムダにしては、だめだ)

かれはみんなに、心でそう伝えたのだ。

そして、みずからは、陸軍大将《たいしょう》の軍服を脱《ぬ》いで、その場で焼いた。かわりに、粗《あら》いもめんの着物に兵児帯《へこおび》という、ふだん着となった。

西郷は大好きだった犬を二匹《ひき》、鹿児島《かごしま》を出発するときからつれてきていた。首輪をとくと、かれはこの二匹を野にはなった。

「おまえさんたちも、自由に過ごすがよい。たっしゃでいてくれ」

まるで長年の友だちに語りかけるように、わかれの言葉を伝えた。

二匹はいつまでも西郷をふり返り、かなしそうに鳴いていた。

それから西郷は、本陣《ほんじん》としていた農家の一室に入り、まるで野の石仏のように、動かないままでいることが多くなった。

これまでのたたかいと、失われた兵士たちの姿《すがた》を、かれは思い起こしていた。

目をつぶっているときがほとんどだった。

しばらくして、西郷は、人のけはいを感じて、ふと、目をあけた。

「先生」

隊長たちが集まっていたのだ。

「どうしたのだ」

西郷はかれらの真剣《しんけん》な顔つきを、ひとまわり、ながめた。

「みんなで、これからのことを話し合いました」

政府軍に降伏しなかった者たちである。西郷にうったえるために、一同でやってきたのだ。

「鹿児島《かごしま》で最後の一戦を」

「いっしょに、鹿児島へ帰りましょう」

かれらはいまだたたかう者であり、兵士であった。

そのしんけんな目つきを前に、西郷《さいごう》は、おうようにうなずいた。もとより、「私《わたし》の一身は、おまえたちに差しだそう」と言ってはじめた戦争である。このときも態度は変わらなかったのだ。

西郷は、兵士のなかから、とりわけ腕《うで》の立つ者を選んで、突囲《とつい》隊を結成した。

その一隊を前に、まっすぐすすみ、政府軍の包囲の一部をやぶって、背後《はいご》にあった山を一気にのぼる作戦を立てる。

「面白いぞ」

西郷はそう言って、ほほえんだ。

突囲隊が敵の包囲に向かって、走り出した。


このとき政府軍は、すっかりゆだんしていた。小さな村に囲い込《こ》んだ西郷軍は、いずれ全員が降伏《こうふく》してくるだろうと思い、たかをくくっていた。

それゆえ、西郷軍の思わぬ行動に、政府軍は大混乱《こんらん》となった。

「何が起きたのだ」

と首をかしげているうちに、西郷本人をふくめた西郷軍が、いっしゅんのうちに、長井《ながい》の村から消えてしまったのだ。

「しまった」

取り逃《に》がしたのである。政府軍の隊長たちは、地団駄《じだんだ》をふんだが*、もうおそい。

西郷軍は山道をひたすらすすみ、断崖絶壁《だんがいぜっぺき》の間を通る。一二キロメートルの道のりを、政府軍に気づかれないように移動した。

そしてついに、標高七二八メートルの可愛岳《えのだけ》にまで達する。

脱出《だっしゅつ》に成功したのだ。

「どうだっ！」

隊長たちは、ふもとを見おろしながら、口ぐちにそう言った。

西郷軍は、休む間もなく、九州山地の尾根《おね》づたいに移動する。

＊はげしく足をふみ鳴らして悔《くや》しがること。

一方の政府軍にしてみれば、あとちょっとで、戦争もおわるはずだった。そのどたんばで、西郷《さいごう》軍の姿《すがた》を見失ったのだ。失望は大きい。

九州の山々《やまやま》をながめて、

「どこにいるのかわからない。おそろしい軍勢だ」

と思いつつ、政府軍の指導者は、恐怖心《きょうふしん》さえおぼえるのだった。

そのころ西郷軍は、ひたすら南をめざしていた。

「鹿児島《かごしま》へ帰ろう。」

それが兵士たちの合い言葉であった。

政府軍にかくれて移動をするので、夜の山を歩くこともあった。

つらい行軍のなかで、西郷はゆうぜんと、こう言いはなった。

「そういえば、むかし、こんないたずらをしたな」

子どものとき、夜になってこっそり家を抜《ぬ》け出し、野山で遊んだ。西郷はそのことを言っている。

一同は大笑いした。

十、城山《しろやま》

九月一日、鹿児島に西郷軍があらわれた。

ときの声をあげて、突入《とつにゅう》してくる。

西郷にしてみれば、二月に鹿児島を出発してから、一九七日ぶりの帰還《きかん》であった。

鹿児島を占領《せんりょう》していた政府軍は、不意をつかれて、右往左往《うおうさおう》する。

一方、鹿児島の人びとは、おどろき、よろこんだ。西郷軍がすすんで行く先に、民衆《みんしゅう》があふれるようにあらわれ、みんなうれしそうに、なつかしいその軍勢を歓迎《かんげい》した。地もとゆえに味方は多く、兵士は心強かった。

突入した勢いで、西郷軍は一時、鹿児島の町を政府軍からうばい返した。

しかし、それもつかの間であった。

政府軍は、軍勢を各地から鹿児島に集め、日ましにふやしていった。数の力で西郷軍を圧倒《あっとう》しはじめた。

西郷軍はじりじりと後退する。こんどは、鹿児島城《じょう》の背後《はいご》にそびえる城山を占領して、そこを陣地《じんち》とした。

兵の数はわずか三〇〇。対する政府軍は、ついに四万にまでふくれあがった。

政府軍は、長井《ながい》村での失敗にこりて、城山《しろやま》の西郷《さいごう》軍を厳重《げんじゅう》に取りかこんだ。

「ねずみ一匹《ぴき》、出られないようにした」

というのも、おおげさではないほど、土塁《どるい》と柵《さく》でかこみきったのだ。

万事休《ばんじきゅう》すではあった。それなのに指導者の西郷は、あい変わらず、ゆうぜんとしていた。かれは政府軍のたたかい方について、仲間の兵士に解説をし、よもやま話*を楽しんでいた。

碁《ご》をうっていた、という話もある。どこまでほんとうかはわからないが、城山の西郷が、不利な戦場であっても、おちついていたことから、そうした言い伝えができたのだろう。

とはいえ、最後のたたかいに向けて、かれにはすっかり覚悟《かくご》ができていた。政府軍がすすめる降伏《こうふく》にも応じようとはしない。

決戦のときが近づいていた。

九月二三日の夜、西郷軍の兵士たちは、思い思いに会合して、歌をうたい、語らった。

どこかで兵士がかきならす、薩摩琵琶《さつまびわ》の悲しい音色《ねいろ》が、深夜まで流れた。

政府軍のほうでは、景気づけのためか、花火を打ちあげた。

「ほう、きれいなものだ」

西郷軍の兵士でさえ、この余興《よきょう》に目をうばわれた。

二四日。夜も明けはじめたとき、政府軍はいっせいに攻《せ》め込《こ》んできた。

一〇〇倍をこえる兵力で、西郷軍に襲《おそ》いかかる。

砲弾《ほうだん》の雨あられとなった。

そのなかで、西郷は変わらずおちついていた。仲間とともに陣地を出ると、ゆっくり山をおりていく。

「まだだ、まだだ」

西郷はそう言いながら、仲間との最後の行軍を、楽しんでいるようでもあった。

＊思うがままに語る雑談。

最後のたたかいは、午前九時には終わった。

西郷隆盛《さいごうたかもり》と、かれのひきいた軍勢はほろびたのである。

ある政府軍の兵士が、戦場あとから、西郷のなきがらを見つけてきた。政府軍の最高指導者だった山県有朋《やまがたありとも》が、それに対面した。

おだやかな顔であった。

山県にとって西郷は、明治維新《いしん》の実現のために、ともに努力してきた仲間である。その仲間を、自分は、ほろぼしてしまった。

「なんということだ」

山県は、かれの人間的な魅力《みりょく》をよく知っていた。それを思い出すと、自然に、目から涙《なみだ》がわきあがってくるのだった。

内村鑑三《かんぞう》*は、こう述べている。

「サムライの最大のもの、また最後のものが、この世を去った」

満四九歳《さい》であった。

十一、星になった人

こういう話がある。

二三歳の若者《わかもの》が、武村《たけむら》で農民になりきっていたころの西郷を訪《たず》ねた。

かれは西郷に会えて感激《かんげき》する。そして、一つのたのみをした。

「先生、なにか言葉を書いてくれませんか。私《わたし》の生き方のささえにしたいと思います」

西郷は、

「よし、書いてやろう。きみは墨《すみ》をすりなさい」

くろぐろと墨汁《ぼくじゅう》ができあがると、かれは筆をふるって、儒学者《じゅがくしゃ》の書『読史管見《どくしかんけん》』にある次の言葉を記した。

「人事をつくして天命をまつ」

＊思想家。キリスト教伝道者。一八六一～一九三〇。

そして若者《わかもの》に向かって、

「やるべきことを、いっしょうけんめいにやる。あとは天のさだめだと思い、おおらかに生きなさい」

という意味だ、と教えた。

そのときの、なごやかな西郷《さいごう》の表情を、若者はいつまでも忘《わす》れなかった。

一生、忘れなかったのである。


城山《しろやま》で生涯《しょうがい》を終えた西郷は、なくなったあとでも、多くの人の記憶《きおく》に残っていた。

「かれは死んでいない。身をかくしているだけだ」

という話は、ひそんでいるところがロシアやフィリピン、中国、はてはインドまで広がり、メディアをにぎわすことが、明治時代にはしばしばあった。西郷は必ずよみがえる、という人びとの気持ちが、こうしたふしぎな説を生んだのだ。

名利《みょうり》*をもとめず、貧しい者にわけへだてなく接した西郷は、永遠に民衆《みんしゅう》の味方であった。

誰《だれ》もが、かれをなつかしみ、その人がらへの敬愛《けいあい》を忘れなかった。

政府に反旗を翻《ひるがえ》し国賊《こくぞく》になったにもかかわらず、なくなってから日がたつにつれて、西郷への思いは、人びとの間で、むしろ深くなっていくのだった。

いつしか、人びとはこう言いはじめる。

「西郷さんは、星になった」

ほうき星が流れたり、火星が近づいて赤い光を大きくしたりすると、

「あれはきっと、西郷さんであろう。空から日本のようすをながめて、困《こま》ったことだ、と考えているにちがいない」

と、うわさしあった。

誰に対しても親切だった人間性を思い出して、やわらかい光をはなつ星を、西郷に見立てる者もいた。

とはいえ、星にまでされてしまい、あの世の本人は、大弱りしているかもしれない。

「わたしは英雄《えいゆう》ではない。ごく平凡《へいぼん》な人間だよ」

＊名誉《めいよ》と利益

そういう、照れた姿《すがた》まで想像できることが、西郷隆盛《さいごうたかもり》という人の愛嬌《あいきょう》であろう。

西郷と、西南戦争でなくなった西郷軍の兵士は、いま、鹿児島《かごしま》の南洲《なんしゅう》神社で、そろって眠《ねむ》っている。

長い階段《かいだん》をのぼって、神社の墓地にたどりつくと、墓石の群れがある。

それはまるで、西郷を中心に仲間の兵士たちが集まり、いまにもいっせいに、ときの声をあげるかのようだ。

第三部 最後のサムライ

おわりに

一

明治維新《いしん》は、いま、わたしたちが暮《く》らす社会のスタートラインでした。それから一五〇年が過ぎようとしています。

このとてつもない、世の中を大転換《てんかん》する事業は、もちろん、多くの人びとがたずさわって成されました。それにもかかわらず、どうしても必要だったのは、「さまざまな出来事に作用した力を、一つにまとめる」という、スターターの役割《やくわり》でした。これを担《にな》った人物こそ、本書の主人公・西郷《さいごう》です。

そのかれが、つつましく、でくのぼうともいえる少年であって、大人になっても、どこか無邪気《じゃき》なところがあるサムライだったというのは、歴史の面白さでしょう。

そして、正義感と、思いやりの心という、政治の世界ではなかなか通じない資質を豊かにもったかれが、もっとも政治的に高度な仕事を成しとげたというのは、歴史の快挙だといってもいいと思います。

武士らしい武士を育てる伝統をもっていた薩摩藩《さつまはん》から、武士の時代を終わらせる人物が登場したというのは、考えてみれば、おどろくべきことです。江戸期《えどき》きっての名君のもとで、かれが、その素質を明るく伸《の》ばせたことは大きいでしょう。すばらしい出会いの数々《かずかず》が、かれの人生にありました。

それに応《こた》えた西郷も偉大《いだい》でした。

飾《かざ》り気のなさ、素直さ、というのは、かれから、魅力《みりょく》の多くを引きだしています。

本書でも触《ふ》れたように、幕末《ばくまつ》の日本は、あらゆるリーダーシップが失われて混沌《こんとん》とした時期でした。一種の闇夜《やみよ》だといってもよいでしょう。

その中を、西郷という明るい流れ星が走りぬけていったのです。

西郷のなみはずれた力量は、人びとから、新しい時代をまちのぞむエネルギーを引きだしたところにあります。とはいえ、古今東西の変革者《へんかく》にあった、堂々《どうどう》たる指導者像はかれにはうすいといえます。知謀《ちぼう》や才気の人でも、自信家でもありません。

どんな英雄像《えいゆう》も似合わないのが西郷《さいごう》でした。それどころか、自分は英雄ではないと、誰《だれ》よりかれ自身がくり返し語っていたのです。たまたま大転換《てんかん》の舞台《ぶたい》の中央に立たされたに過ぎないのだ、というふうに。

かわりにあったのは、人柄《ひとがら》のあたたかみであり、透明度《とうめいど》の高い愛情でした。人を愛することの根元はなにか、と問われたとき、西郷はこう答えています。

「人は人を相手にせず、天を相手にするものなり。ゆえに天より見れば、われも人も同一に愛すべきなり。よって、おのれを愛する道をもって、人を愛するものなり」

(明治八年九月「戸田務敏《とだみちとし》への教訓」より)

これこそ、かれが大事にした「敬天愛人《けいてんあいじん》」の心なのです。

二

いま、英雄らしくない英雄と記しましたが、西郷という人間の実像を尋《たず》ねて、かれの手紙を読んでいくと、ときおり、日常の姿《すがた》をのぞくことができます。それらはどれも印象ぶかいものです。

たとえば、斉彬《なりあきら》に見いだされ、庭方役として活躍《かつやく》していたとき、桜島大根の栽培《さいばい》に関して、桜島出身の藩士《はんし》にあてにこう書き送っています。

「大根のこと、（江戸《えど》の）寒さをしのぎかねるときは、うまい取りはからいを、おたのみいたします」（安政三年一一月二一日、上原伝蔵《でんぞう》あて）

ふるさとの名産は、大きさとうまさから、江戸で評判になっていました。そのため薩摩藩《さつまはん》の屋敷《やしき》の庭でも試験的につくっており、西郷が管理していたようです。これまで斉彬の密命《みつめい》をおびて、さまざまな工作のため動いたことばかりが強調されてきましたが、本来の「庭方」という役職の通り、かれはちゃんと、庭の園芸にもたずさわっていたのです。

また、明治七年頃《ころ》と思われる手紙で、かれは、家族で温泉《おんせん》に行きたいので宿を世話してほしいと、剣《けん》の達人だった親友にたのんでいます。「子供《こども》まで多人数ですが、よろしくお願い申しあげます」とあり、幼児《ようじ》を含《ふく》む三人の子と、イト夫人の五人で出かけようとしていたようです。（山内甚五郎《やまうちじんごろう》あて）

政治的な運動のために、家族をおいて飛び回っていた西郷にすれば、珍《めずら》しい記録といえましょう。かれには水入らずの時間もあったのがわかります。不在がちだった父をまじえ、さぞや楽しい、一家だんらんのひとときであったことでしょう。

　ほかにも、軍医将校《しょうこう》あてに、こういう注文をした手紙があります。

「エンサン、ロウシャ。右の薬種少々頂戴《やくしゅしょうしょうちょうだい》いたしたく」（明治八年か九年、山本尚絅《しょうけい》あて）

　西郷《さいごう》は塩酸と磠砂《ろしゃ》（塩化アンモニウム）を求めたのでした。ともに時計の分解掃除《そうじ》のとき必要な薬品です。かれはスイス・ロンジン製の懐中時計《かいちゅうどけい》をもっていました。明治二年一一月に、藩主《はんしゅ》・島津忠義《しまづただよし》からもらったものです。掃除に念を入れ、大事にしていたようすがうかがえます。

　いつも薩摩《さつま》流の質素な和風の暮らしをし、写真嫌《ぎら》いで、西洋の技術に縁遠《えんどお》いかのようですが、ハイカラなところも、かれにはあったのです。

　もう一つ、あげておきましょう。

　明治九年三月二八日、従弟《いとこ》の大山巌《いわお》にだした手紙の冒頭《ぼうとう》付近です。

「私宅《したく》にて蚕《かいこ》を飼い、糸にこしらえて、山田壮右衛門《そうえもん》へたのみ、織方《おりかた》いたしもの、立派《りっぱ》な羽二重《はぶたえ》*ができました」

　西郷家では養蚕《ようさん》をし、生糸《きいと》を製糸していたことがわかります。イト夫人が中心となっていたようです。短い報告文のなかに、一家のおだやかな田園生活が思われてなりません。

これらから、「大西郷」と呼《よ》ばれた第一級の変革者《へんかくしゃ》にも、ささやかな生活者としての一面があったと知ることができて、心ひかれるものがあります。

歴史は実際、英雄《えいゆう》がつくるものではなく、平凡《へいぼん》な人間が、おのれの資質《ししつ》と、偶然《ぐうぜん》を含《ふく》む出会いの中から、結果としてひとすじの役割《やくわり》を演じ、つくられていくのだと思います。

この西郷のものがたりも、そのあたりまえともいえる事実を指摘《してき》して、筆をおくことにしましょう。

手にとり、お読みくださった方々《かたがた》に、感謝の意をお伝えします。

二〇一七年一一月

澤村修治《さわむらしゅうじ》

＊撚《よ》りのない生糸《きいと》を用い、タテ糸を二重に通して織った、肌触《はだざわ》りのいい絹《きぬ》織物。

参考文献

『西郷隆盛全集』全六巻（大和書房、一九七六〜一九八〇年）
山田済斎 編『西郷南洲遺訓：附 手抄言志録及遺文』（岩波文庫、一九三九年）
川崎紫山『西郷南洲翁逸話』（磊落堂、一八九四年）
内村鑑三『代表的日本人』（鈴木範久 訳、岩波文庫、一九九五年）
坂本多加雄『明治国家の建設』（中央公論社、一九九九年）
坂野潤治『西郷隆盛と明治維新』（講談社現代新書、二〇一三年）
佐々木克『幕末史』（ちくま新書、二〇一四年）
澤村修治『西郷隆盛』（幻冬舎新書、二〇一七年）

年表

西暦	和暦	満年齢	西郷隆盛（吉之助）に関係するできごと	薩摩藩と日本のできごと
一八二七	文政一〇	0	12月7日、鹿児島城下の下加治屋町《しもかじやちょう》で、薩摩藩《さつまはん》士の父・九郎隆盛《たかもり》、母・マサの長男として生まれる。	
一八三三	天保四	5	弟・吉二郎《きちじろう》が生まれる。	
一八四三	天保一四	15	二番目の弟・信吾《しんご》（のちの従道《つぐみち》）が生まれる。	
一八四四	弘化一	16	薩摩藩の郡方書役助《こおりかたかきやくすけ》となる。郡奉行《こおりぶぎょう》・迫《さこ》田《た》利《とし》済《なり》の配下につく。	
一八四六	弘化三	18	下加治屋町・郷中《ごじゅう》のリーダー、二才頭《にせがしら》になる。	
一八四七	弘化四	19	末の弟・小兵衛《こへえ》が生まれる。	
一八五一	嘉永四	23		島津斉彬《なりあきら》、薩摩藩主となる。
一八五二	嘉永五	24	父と母があいついで没し、一家をささえる身となる。	
一八五三	嘉永六	25		アメリカ海軍のペリーが、黒船をひきいて浦《うら》賀《が》の沖に来航する。

一八五四	安政一	26	1月21日、藩主・斉彬の参勤《さんきん》にしたがって、鹿児島を出発。江戸へ着き、庭方役《にわかたやく》となる。7月、藤田東湖《とうこ》と会う。	1月16日、ペリー再来航。3月3日、幕府がアメリカと日米和親条約を結ぶ。
一八五五	安政二	27	12月、橋本左内《さない》と会う。	
一八五六	安政三	28	7月、斉彬の密書を徳川斉昭《なりあき》のもとへ届ける。この年、斉彬の養女・篤姫《あつひめ》、将軍・家定《いえさだ》嫁入り計画に関わる。	
一八五七	安政四	29	5月24日、三年四か月ぶりに鹿児島へ帰る。11月、鹿児島を出発し、熊本・福岡・下関をへて江戸に着く。	6月17日、老中《ろうじゅう》・阿部正弘が没する。8月、斉彬がすすめる西洋の技術導入の成果で、鹿児島でガス灯がともる。
一八五八	安政五	30	年初より一橋慶喜《ひとつばしよしのぶ》を次の将軍にと働きかけるが失敗に終わる。月照《げっしょう》と薩摩まで逃げ、11月、ともに入水《じゅすい》自殺をはかる。	4月23日、井伊直弼《いいなおすけ》が大老に就任《しゅうにん》する。7月16日、斉彬が急死。9月7日、安政《あんせい》の大獄《たいごく》がはじまる。10月25日、徳川家茂《いえもち》が将軍に就任。
一八五九	安政六	31	1月11日、流罪《るざい》人あつかいとして奄美大島《あまみおおしま》へ。龍郷《たつごう》でくらす。11月8日、島の名家・龍《りゅう》家の娘「おとまがね」（愛加那《あいかな》）と結婚。	

西暦	和暦	満年齢	西郷隆盛（吉之助）に関係するできごと	薩摩藩と日本のできごと
一八六〇	万延一	32		3月3日、桜田門外の変で井伊直弼《いいなおすけ》が暗殺される。
一八六一	文久一	33	11月21日、薩摩藩から召喚状《しょうかんじょう》がくる。	
一八六二	文久二	34	1月に奄美大島《あまみおおしま》を出港し、2月12日、鹿児島に着く。3月13日、鹿児島を出発し、下関《しものせき》から伏見《ふしみ》に向かう。4月、久光の怒りをかい、11日、鹿児島へ護送される。徳之島《とくのしま》、続いて沖永良部島《おきのえらぶじま》へ島流しとなる。	3月16日、島津久光《ひさみつ》、藩兵をひきいて鹿児島出発。4月23日、寺田屋事件。8月21日、生麦《なまむぎ》事件。
一八六三	文久三	35		5月、長州《ちょうしゅう》藩、下関海峡《かいきょう》通過のアメリカ船《せん》舶《ぱく》を砲撃《ほうげき》。7月、薩英《さつえい》戦争。8月18日、クーデターがおきて長州藩は京都から去る。
一八六四	元治一	36	2月21日、西郷従道《つぐみち》らが藩の汽船・胡蝶丸《こちょうまる》で召還にくる。28日、鹿児島へ帰る。3月19日、京都で軍賦役《ぐんぶやく》となる。7月19日、薩摩藩兵をひきいて禁門戦争で長州に勝利。その際、足を負傷する。9月15日、勝海舟《かつかいしゅう》と会見。10月、長州への処分をおだやかにするようにはかった。	6月5日、池田屋事件。7月、禁門《きんもん》戦争。8月、長州藩、四か国の艦船と交戦。11月、幕府の長州攻めが、たたかわずして終わる。

一八六五	慶応一	37	1月28日、薩摩藩家老の娘・糸子と結婚。5月、幕府の長州への第二次攻撃のさい出兵しないよう、薩摩藩の意見をまとめる。	
一八六六	慶応二	38	1月22日、木戸孝允《たかよし》を迎え、坂本龍馬《りょうま》立ち会いのもとで、薩長同盟《さっちょうどうめい》を結ぶ。	6月、幕府による第二次長州攻めがはじまる。将軍家茂《いえもち》が没したために、幕府軍は8月に戦争中止。12月5日、徳川慶喜《よしのぶ》が将軍に就任《しゅうにん》。25日、孝明天皇没。
一八六七	慶応三	39	6月22日、後藤象二郎《しょうじろう》、坂本龍馬らと会合し、薩土盟約《さつどめいやく》を結ぶ。11月13日、藩主・忠義《ただよし》にしたがい藩兵とともに鹿児島を出発、23日、京都に着く。	1月9日、明治天皇が位につく。10月14日、徳川慶喜が大政奉還《たいせいほうかん》の上表《じょうひょう》を朝廷に提出。同日、討幕《とうばく》の密勅《みっちょく》が出る。11月15日、坂本龍馬が暗殺される。12月14日、王政復古《おうせいふっこ》の大令《たいれい》が発される。
一八六八	慶応四、明治一	40	1月、鳥羽伏見《とばふしみ》のたたかいを指揮する。2月14日、大総督《そうとく》のもとで参謀《さんぼう》となる。3月13、14日、勝海舟と会見し、江戸開城を交渉する。江戸開城後、上野戦争を指揮し、越後《えちご》、東北に出征《しゅっせい》。8月14日、越後で弟・吉二郎《きちじろう》が戦傷を悪化させて逝去《せいきょ》。9月、山形庄内《しょうない》で黒田清隆《きよたか》に庄内藩への寛大な処分を指示する。11月、鹿児島へ凱旋《がいせん》、日当山《ひなたやま》温泉でくつろぐ。	1月3日、鳥羽伏見のたたかいが起こり、戊《ぼ》辰《しん》戦争はじまる。4月11日、江戸開城。7月17日、江戸を東京とする。9月8日、明治と改元。

西暦	和暦	満年齢	西郷隆盛（吉之助）に関係するできごと	薩摩藩と日本のできごと
一八六九	明治二	41	1月18日、明治政府から出仕《しゅっし》をうながされたが、ことわる。2月26日、島津忠義《ただよし》の求めに応じて、藩の参政《さんせい》となる。	5月18日、戊辰《ぼしん》戦争が終わる。
一八七〇	明治三	42	1月18日、藩の参政辞退。前年9月にくだされた正三位《しょうさんみ》の位《くらい》を返上する願いを出し、5月2日、認められる。12月、岩倉具視《ともみ》・大久保利通《としみち》ら鹿児島に来て、明治政府への出仕を求めてくる。	
一八七一	明治四	43	2月2日、東京に着く。6月25日、政府の参議となり、正三位の位が再びくだる。	7月14日、廃藩置県《はいはんちけん》が断行される。11月12日、岩倉使節団が横浜を出発。
一八七二	明治五	44	5月から7月、天皇の西国行幸《ぎょうこう》にしたがう。7月20日、近衛都督《このえととく》になる。	2月15日、旧幕府の田畑永代売買禁止令《たはたえいたいばいばいきんしれい》を廃止。8月3日、学制を発布。9月12日、新橋・横浜間で鉄道開業。11月15日、国立銀行条例を制定。12月3日、太陽暦の採用により六年1月1日となる。
一八七三	明治六	45	5月10日、陸軍大将となる。6月6日、ドイツ人医師ホフマンの診察と治療をうける。8月17日、閣議《かくぎ》で朝鮮への西郷派遣《はけん》が決定。10月23日、この朝鮮派遣が中止となり、政府を去る。11月10日、鹿児島に着く。	1月10日、徴兵令《ちょうへいれい》公布。9月13日、岩倉具視が帰国。10月25日、西郷に続いて板垣《いたがき》、江藤新平ほか四参議が辞職して、政府が分裂。

一八七四	明治七	46	6月、鹿児島の私学校設立にかかわる。	2月1日、江藤新平が佐賀の乱をおこす。
一八七五	明治八	47	4月5日、大山巌《いわお》あての手紙で、ヨーロッパへの視察の誘いをことわる。	9月20日、日本が朝鮮へ軍艦を送り武力衝突《しょうとつ》、江華島事件《こうかとうじけん》がおこる。
一八七六	明治九	48		2月、日韓修好条約締結。10月24日、熊本で神風連《じんぷうれん》の乱、27日、小倉で秋月の乱、28日、萩《はぎ》の乱がおこる。
一八七七	明治一〇	49	2月17日、桐野利秋《きりのとしあき》、村田新八らとともに鹿児島を出発。22日、西郷軍が熊本城を包囲。25日、高瀬のたたかいで弟・小兵衛《こへえ》を失う。各地を転戦ののち、8月16日、長井村で諸隊に解散命令を出す。残兵で鹿児島入りし、9月24日、城山《しろやま》で政府軍の総攻撃をうけ没《ぼつ》する。	2月15日～9月24日、西南戦争。

澤村修治（さわむら・しゅうじ）

1960年東京生まれ。千葉大学人文学部卒業。出版社で新書や選書の編集長を務める傍ら2010年より評伝と評論で著書を発表。文芸評論家、帝京大学文学部非常勤講師。著書に『宮澤賢治と幻の恋人：澤田キヌを追って』（河出書房新社）『日本のナイチンゲール：従軍看護婦の近代史』（図書新聞）『天皇のリゾート：御用邸をめぐる近代史』（図書新聞）『敗戦日本と浪曼派の態度』（ライトハウス開港社）『唐木順三：あめつちとともに』（ミネルヴァ書房）『西郷隆盛：滅びの美学』（幻冬舎新書）、編著書に『宮澤賢治のことば：ほんとうの幸《さいわい》をさがしに』（理論社）『八木重吉のことば：こころよ、では行っておいで』（理論社）『宮澤賢治、山の人生』（エイアンドエフ）などがある。

フミカ

東京生まれ。イラストレーター。
http://amedamaya.pepper.jp/

幕末青春伝 **西郷隆盛**
——時代をかけぬけた男——

2017年12月初版
2017年12月第1刷発行

著　者　澤村修治
発行者　内田克幸
編　集　岸井美恵子
発行所　株式会社理論社
〒103-0001　東京都中央区日本橋小伝馬町9-10
電話　営業03-6264-8890　編集03-6264-8891
URL　http://www.rironsha.com

印刷・製本　中央精版印刷株式会社

ISBN978-4-652-20241-8　NDC281　四六判　19cm　239p